首爾自助

Seoul **超簡單**

Mavis · 文 · 攝影

目次 Contents

作者序

從來沒想過，就這樣跟韓國結緣……

小時候喜歡過 H.O.T，跟上了韓劇在台灣的第一波風潮，青少年時期又迷日本，後來轉變成對歐洲有很大的興趣，但是怎麼知道，因為那時候好朋友 Pomme 的一句：「不如，我們就去首爾旅行吧！」從此，就這樣陷入了韓國的魅力之中。

我是自助旅行的愛好者，從 18 歲開始，每一年至少規劃一次國外自助旅行。自助旅行迷人之處在於：事前籌劃行程所獲得的樂趣，以及深入當地生活、文化，與人溝通相處的寶貴經驗。自助旅行所帶來的樂趣和回憶，對我來說，意義非凡！

首爾自助其實很簡單！韓文不懂沒關係，只要事前做好功課，帶著一顆開闊的心胸，一樣可以玩得很開心！這本書裡面，已將各景點、餐廳的韓文地址寫上，如果迷路了，請鼓起你的勇氣，指著韓文地址問路人，相信可以順利找到要去的方向。透過主題式的介紹首爾，讓每個人都能夠依照著自己的喜好和興趣，規劃出屬於自己的首爾之旅！此外，在地人推薦的部分，讓你不再只是個觀光客，也能夠一窺首爾在地人的生活樣貌。

這本書寫了一年多，謝謝華成出版給我這個機會，希望能夠讓想去韓國旅行的人，得到實用的資訊，讓這本書跟著你，展開每一段美好的首爾之旅，不管是一次、兩次、三次或是 N 次，首爾就是一去再去，去不膩！

Especially thanks to…..
特別感謝我的家人，一年去首爾好多次，但是只回家鄉一次，我真的很感謝家人的支持。還有我親愛的姊姊們，一直給我支持鼓勵，讓我有勇氣展開每一段旅程。

還有感謝因為韓國所認識的朋友們：「Korea 사랑해 ~ Je t'aime！」的社團朋友們，還有很多可愛的朋友們 ~ 感謝航空公司

的 Vivian Lin，感謝有妳，讓我每次堅強勇敢的開票下去！我真的很開心因為韓國而認識你們！感謝 Ingrid、Janicelee、Barbra 提供的照片，還有很多我親愛的朋友、公司老闆和同事，我真的很感謝你們～сарлан海！！！

最後，感謝『La vie~ 파이팅！我的韓國小發現』FACEBOOK 專頁上的朋友們，謝謝你們給我的回應和鼓勵，我才有動力繼續分享我的韓國小發現給你們～

感謝韓國、感謝首爾，我沒有因為語言不通而錯過了你。因為你，我得到了很多，希望你能夠繼續成為我旅行回憶中，最重要的那個朋友！

Dear all my Korean friends~ Thank you so much! 너무 고마워요 ~ I'mso glad that can meet you all~ you are the best friend in my life! You are 최고！

— My logo designer and also my good friend, Sungjin Park:

Thanks for giving me many great opinions and suggestions! Sometimes, I'm so lazy... but you are always strict with me, so I finished this book finally!! You crazy! Thank you, my awesome and crazy friend!

※ 首爾在地人推薦景點、餐廳等…資訊來源 ※

— My friend 이준우 , and his friends 오세민 , 홍기헌 , 김재현 :

Thanks for providing so many great places and restaurants in Seoul~

— My friend 윤대상、Erica Choi：

＊Danny~ thank you so much! You are always so nice! You really help me a lot! You're the best friend forever! Thanks again, good luck!

＊ Erica babe! Thanks again! love you xoxo

Part 1

認識首爾

General Information

基本概念

前往首爾須知

基本概念

地理位置與簡史

　　首爾位於韓國西北部的漢江流域，處在朝鮮半島的中部，漢江由東向西貫穿首爾市中心，周圍被山圍繞，呈背山面水的地形。北側有北漢山、道峰山等，東側有檢丹山等，南側有冠岳山、清溪山等。

　　自朝鮮時代（1392～1910）年至今，首爾一直是韓國的首都，也是全國最大的城市。首爾在朝鮮時代被稱為「漢陽」，於1945年建立大韓民國時，才改名為首爾。首爾是韓國的經濟、政治、文化中心，為一個國際化的現代首都，首爾市區以漢江為界分為南北兩部分。北首爾是歷史文化中心，許多名勝古蹟景點皆位於此，而南部的商務活動興盛。

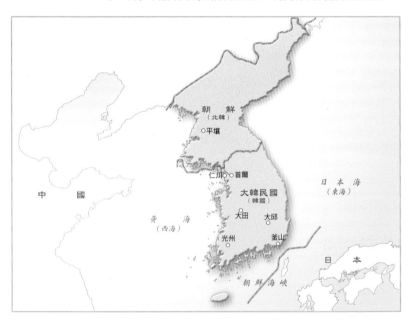

Info

正式名稱：首爾特別市／Seoul／서울특별시

面積：約 605 平方公里

人口：約 1,050 萬人

行政區域：25 個區和 424 個洞（2011 年資料）

語言

　　韓國的官方語言是韓國語，使用語言也是韓國語為主。而在首爾，尤其是觀光客多的景點，如明洞、東大門等區域，有會講中文的店員。此外，使用英語也是可以溝通，但不是人人都能用英語對答如流。

時差

　　韓國比台灣快 1 小時，夏季沒有實施夏令節約時制。

電壓

　　電壓為 220V，為雙圓孔插座。

國定假日

日期	節日	日期	節日
1/1	元旦	6/6	顯忠節
農曆 12/30 ～ 1/4	農曆春節	8/15	光復節
3/1	三一節	農曆 8/15	中秋節
5/5	兒童節	10/3	開天節（韓國國慶日）
農曆 4/8	佛誕節	12/25	耶誕節

★要特別叮嚀的是，農曆春節和中秋節為韓國重要節日，較不建議這時前往，因為店家大多會連續幾天休業，盡量避開這兩個時候來首爾旅遊。

氣候和穿著

　　韓國氣候四季分明，推薦旅遊的季節是春季跟秋季，比較不建議冬季和夏季前往。

春：4 月～ 5 月

　　稍微有點涼，整體來說舒適宜人，是可以賞櫻花的季節。建議的穿著是薄長袖，或是短袖加上稍厚一點的外套或皮衣。日夜溫差較大，可以加條圍巾以備不時之需。

秋：9 月～ 10 月

　　氣候開始轉冷，天氣秋高氣爽，時常是陽光普照，這時候的楓葉盛開也非常迷人！建議穿著薄長袖或是針織衫，外套可以帶薄大衣或是風衣，圍巾也記得帶著。

冬：11 月～ 2 月

　　氣溫多半在 5 度到零下 6 度之間，寒冷乾燥，是會下雪的季節。如要在這時前往首爾的朋友，建議以洋蔥式穿法，也就是不要塞太多保暖的衣服在裡面，而是以羽絨大衣外套，以及保暖的手套、雪靴（內裡最好是羊毛或是兔毛）、帽子、圍巾、耳罩、口罩和暖暖包等配件。由於韓國室內多半有暖氣，如果裡面穿太厚，進室內會覺得太熱，到時穿脫不方便，如果是外套和配件，穿脫就方便許多。

夏：6 月～ 8 月

　　這個季節首爾很溼熱，常有不定時的雷陣雨，記得一定要攜帶雨具，因為有時候雨一來，都是幾分鐘之內就轉為磅礡大雨。由於天氣炎熱，穿著以涼爽的短袖和防曬衣物為主即可。

匯率和貨幣

　　韓國流通的貨幣為韓元。紙鈔面額有 50,000、10,000、5,000、1,000，硬幣面額有 500、100、50。新台幣兌換韓元匯率以當時的告牌價為主，而近年來新台幣：韓元匯率波動在 1：34 ～ 1：40 之間。

旅行預算

以五天四夜的行程來說，大約的預算可抓如下：

· 機票——來回 10,000 ～ 12,000 元台幣（經濟艙含稅價）
· 住宿——每晚約 800 ～ 2,000 元台幣（以住 Guesthouse 為例）
· 交通——總花費約 1,500 ～ 2,000 元台幣（以首爾市區內的地鐵或巴士為主）
· 飲食——每餐約 30 ～ 500 元台幣（從路邊小吃到烤肉）

電話與通訊

撥打國際電話

先按國際冠碼（如 001）＋國碼（台灣 886、韓國 82）＋區號（去 0）＋電話號碼即可。

在韓國的國際冠碼有：

· 一般國際電話：001、002、008。
· 手機打國際電話：00365，00700，00770 等。

如有需要購買當地的手機預付卡，可在 24 小時便利店或街上的報攤買到。

網路

在首爾部分地方有免費的 Wifi，但是大多數需要帳號、密碼，為使用者付費。建議可以在機場租用手機或是網路分享器。

目前有韓國有三間電信公司提供租用手機和網路分享器的服務，出發前可以先行在網路上預訂，租用跟歸還皆是在韓國的機場辦理。

Data

韓國主要電信公司網站
◎ olleh KT：roaming.kt.com/cha_t
◎ SK：www.skroaming.com/cn_t
◎ S Roaming：www.sroaming.com/eng

郵政

　　在韓國，郵寄費用無論是韓國境內或國際信件、包裹，郵資都是以「公克」來計算。明信片不分距離、國家，航空郵資一率為 370 韓元，船運一率為 250 韓元。

　　郵票可在文具店或郵局購買，貼上郵票的明信片直接投遞至街上的郵筒或交至郵局窗口即可。

緊急事故聯絡資訊

· 報案：112
　報案專線 112 有提供外語翻譯服務，包括英、日、中、俄、法、西及德語。
　通譯服務時間：周一～周五為 08:00 ～ 23:00；周六、日為 09:00 ～ 18:00。
· 火警：119
· 緊急醫療中心：1339
· 國際手動電話：00799
· 遊客申訴中心：02-735-0101
· 旅遊諮詢熱線：1330；手機請撥 02-1330。1330 提供 24 小時的英、日、中文服務。
· 台灣駐韓代表處：首爾鍾路區世宗路 211 光化門大廈 6 層
　電話：02-399-2780

前往首爾須知

入境

· 持台灣護照，有效日期超過六個月以上，得以免簽證停留韓國 90 天。

· 外國旅客需再提交入境登記卡，粗線內的資料需以英文填寫。入境登記卡亦可在飛行途中，向空服員領取填寫。

· 外國人通過入境審查處，需要到「外國人入境審查櫃台」排隊等候審查。從 2012 年 1 月開始，外國人入境韓國，須加蓋指紋審查和照相留存。

· 入境審查結束後，通過審查台，前方的大螢幕會顯示託運行李領取台的號碼，欲領取託運行李者，請到自己搭乘班機行李領取台等待。

· 入境最後需要通過海關審查。符合免稅規定的人，只需要填寫飛機上發的旅客海關申報單，入境時交付給海關人員即可。

退稅

　　在韓國相關稅務機關指定之商店，設有「Global Blue TAX FREE」或「Tax Free KOREA」標誌的商店內購買商品超過 30,000 韓元以上，可向店員索取 TAX REFUND 免稅購物單據。出境海關前，請務必向海關出示所購買的商品、免稅購物單據以及護照，待海關在免稅購物單據上加蓋確認章後，即可進行行李託運。通過海關後，稅金付還櫃檯在出境區 28 號 Gate 前。

機場往返市區交通

機場鐵路／A'REX

機場鐵路（A'REX）位於仁川國際機場地下 1 樓，運行時間為每日 07:00~19:00。

· 達首爾站時間：直達列車約 43 分鐘，普通列車 53 分鐘。
· 票價：首爾站直達列車（Express Train）13,800 韓元；普通列車 900 韓元～ 3,700 韓元（依照各停靠站計算）。

普通列車 ═══
直達列車 ▬▬▬

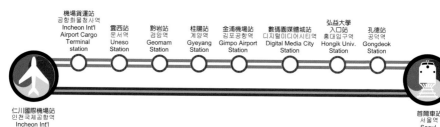

機場貨運站
공항화물청사역
Incheon Int'l
Airport Cargo
Terminal
station

雲西站
운서역
Uneso
Station

黔岩站
검암역
Geomam
Station

桂陽站
계양역
Gyeyang
Station

金浦機場站
김포공항역
Gimpo Airport
Station

數碼園媒體城站
디지털미디어시티역
Digital Media City
Station

弘益大學
入口站
홍대입구역
Hongik Univ.
Station

孔德站
공덕역
Gongdeok
Station

仁川國際機場站
인천국제공항역
Incheon Int'l
Airport
Station

首爾車站
서울역
Seoul
Station

KAL 機場巴士／KAL LIMOUSINE／KAL 리무

從仁川國際機場直達首爾市區，目的地有首爾車站、漢南洞、三成等地。此外還有 KAL 機場巴士可以搭乘，主要停靠站是首爾市內的主要飯店，車資為 14,000 ～ 15,000 韓元不等。

直達座位巴士／Limousine／공항리무진

比機場巴士停靠站多，連接機場到首爾市區的各大主要地區，總共有 13 條路線，只要事前查好住宿地點鄰近的巴士停靠站即可，到達首爾市區的時間約為 70 ～ 90 分鐘左右。車資為 9,000 ～ 10,000 韓元不等，上車付錢。另在網路上可以找到 1,000 韓元的巴士折價券。

Data

有關韓國旅遊的各式優惠券，可參考以下網站：
◎ chinese.visitkoreayear.com/chinab/benefit/benefit_02_01_01.asp

Info 巴士乘車處

前往首爾市區的巴士乘車處，位於仁川機場一樓入境大廳 3B～6B、10A～13A。

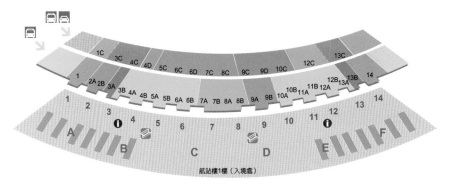

航站樓1樓（入境處）

- 1, 14 緊急情況使用
- 2A, 2B, 9A, 9B 仁川
- 3A, 13B 班車
- 3B~6B, 10A~13A 首爾
- 7A~8B 京畿道
- 3C, 4C, 13C 汽車
- 4D 國際計程車
- 5C~8C 計程車
- 9C~10C 地方巴士
- 1C, 12C 團體巴士
- 1~14, 9C, 9D, 10C 巴士站
- 機場綜合咨詢處
- 售票所

計程車／TAXI／택시

計程車乘車處位於出機場大廳 1 樓 4D～8C 號乘車處。計程車分為：銀色的普通計程車，起跳費用為 2,400 韓元。多人座計程車和黑色的模範計程車모범택시，起跳費用為 4,500 韓元。除了計程車費用，需額外支出高速公路過路費 7,500 韓元，到首爾市區的時間約為 1 個小時左右，到達首爾市區所需花費的車資約為 55,000～90,000 韓元不等。

首爾市區交通

地鐵／SEOUL SUBWAY／서울 지하철

地鐵是首爾市區內的主要交通工具，也極為便利。目前首爾市共有 11 條路線連接各個區域，只需搭乘地鐵就可以前往首爾市內眾多地區。

地鐵的路線是以顏色來區別，每個站以三位數字組成為編號：一位數字的路線編號＋兩位數字的站編號。這樣的編號利於來自各個國家的遊客，因為只要知道地鐵站的編號，即使不知道韓文站名，還是可以順利到達目的站。

地鐵運行時間一般是從凌晨 05:30 開始到 24:00 左右，車班間隔為 2 ～ 3 分鐘，但是由於不同路線運行時間可能有所不同，請特別留意。如果在23:00～24:00要搭乘地鐵時，建議先詢問站務人員，以免無法到達目的地，地鐵就結束運行時間。

地鐵費的支付方法有兩種：

1. 在地鐵站的售票窗口或自動售票機上購買一次性使用的地鐵票。

2. 如果經常前往首爾或是停留 5 天以上的話，建議使用 T-money 交通卡，儲值方式可以到售票窗口儲值，或是使用加值機器。T-money 交通卡可以在售票窗口或便利商店購買。

公車＼BUS ＼버스

Data

查詢公車路線，可利用以下網站：
◎ bus.congnamul.com/
SeoulRouteWebApp/
view_chinese/map.jsp

首爾市內的公車分成三類：普通公車、座席公車和居民小巴。大部分公車的間隔時間都在 5 ～ 10 分鐘，但是遇到上下班尖峰時段，或許需要等待較久。不論什麼路線，公車一般營運時間均為凌晨 4 時 30 分～次日凌晨 1 時。

普通公車分為黃色、藍色與綠色。藍色公車在市中心和郊區之間運行；綠色公車是私營的公車，主要路線是地鐵沿線、長途公共汽車站等地區；黃色循環公車只行駛某些特定路線。另有紅色直通公車，它停靠的站較少，主要路線為遠距離的地區。

居民小巴主要行駛在居民區，路線較短程，車身也比較小。

計程車／TAXI／택시

首爾市區內的計程車分為四種：

·中型計程車

橘色的車身，並標示有首爾市象徵物「獬豸」的圖案。另於車身和標識燈上標有「國際計程車（International TAXI）」者，由能説中英日等外語的司機所駕駛。採預約制，收費方式是將首爾分

為三個區域，收取定額車資的區域計價制、時間計價制與距離計價制，車資比一般計程車高 20%。

· 模範計程車

黑色的車身，標誌燈是金色，車輛側面或標識燈上標示著「國際計程車（International TAXI）」。起跳是 4,500 韓元，行程超過 3km 以後每 164m 計價器加計 200 韓元。

· 大型計程車

乘坐人員數為 9 名以下，車型為箱型車，黑色的車身，車輛側面標示著「國際計程車（International TAXI）」。車資計費方式與模範計程車相同。

· 普通計程車

銀色的車身，起跳價是 2,400 韓元，行程超過 2km 以後每 144m 計價器加計 100 韓元，從午夜到凌晨 4 時加收車費 20%。

Info

實用網路資訊

☆ 韓國觀光公社：big5chinese.visitkorea.or.kr
☆ 首爾市政府：tchinese.seoul.go.kr
☆ 首爾觀光公社：www.visitseoul.net
☆ 首爾國際文化觀光中心：seoultourism.kr/cb
☆ 背包客棧韓國論壇：www.backpackers.com.tw/forum/forumdisplay.php?f=67
☆ 韓國 NAVER 地圖：map.naver.com
☆ 韓國 DAUM 地圖：local.daum.net/map
☆ Konest 韓國地圖：map.konest.com
☆ 韓國觀光公社大眾交通資訊：traffic.visitkorea.or.kr/lang/cb
☆ 韓國鐵路訂票系統：www.korail.com
☆ S roaming 手機租借：www.sroaming.com/cn
☆ KT roaming 手機租借：roaming.kt.com/cha_t
☆ SK roaming BBB 手機租借：www.skroaming.com/cn_t/benefit/bbb_phone.asp

首爾地鐵圖

中央線	地鐵1號線	地鐵5號線	地鐵9號線
唐盆線	地鐵2號線	地鐵6號線	新盆唐線
京義線	地鐵3號線	地鐵7號線	仁川地鐵1號線
京春線	地鐵4號線	地鐵8號線	機場地鐵 A'REX

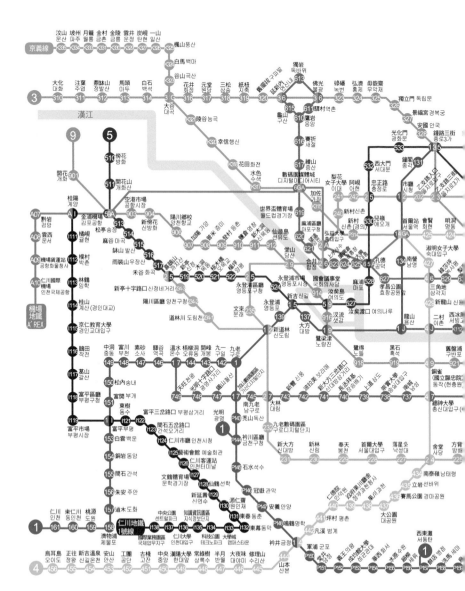

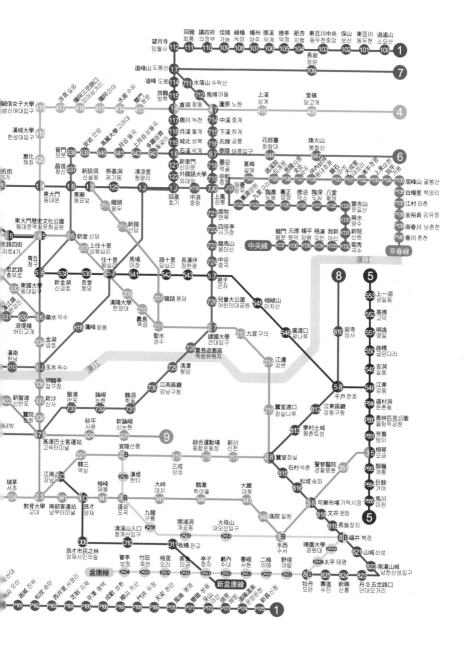

Part 2

行前 Q&A

Before going to Seoul-Q&A

首爾有什麼好玩？為什麼可以一去再去都不膩呢？

韓文就像難懂的符號，一句韓文也不會，可以去首爾自助嗎？

去韓國自助花費會很貴嗎？大概要花多少？

去韓國行李怎麼打包？

去韓國要怎麼換錢才划算？

韓國食物會很辣嗎？不吃辣的人也可以去嗎？

Q1

首爾有什麼好玩？

為什麼可以一去再去都不膩呢？

Ans

如果你追韓星、愛看韓劇、愛韓國菜、喜歡買衣服 etc……，那就絕對不能錯過首爾！

愛韓星的

可以到韓國參加韓國明星們的活動，跟他們在同一個國家，接近韓星們的機會更多～此外，想要買零時差的限量明星周邊商品、最新專輯或是當地韓國雜誌，都可以滿足你！

愛韓劇的

想要造訪韓劇的場景，彷彿自己也變身劇中人物，體會同樣的感覺～

愛韓國菜

不管到哪個國家都一樣，總要實際造訪過，才知道所謂「道地口味」是什麼～來個充實的韓國美食之旅，真的是讓身心和味蕾都大滿足啊！

愛韓貨的

韓國美妝琳瑯滿目，最流行的韓國服飾保證讓你滿載而歸～行李箱大爆滿！！想要買韓貨零時差？首爾各大著名逛街地點一定要去造訪～

Q2 韓文就像難懂的符號，一句韓文也不會，可以去首爾自助嗎？

Ans 不管去哪個國家自助，語言絕對不是問題！善用「比手畫腳」&「指指點點」就夠！

　　如果不會韓文，每個人第一次去韓國，都會被那圈圈、一橫還有方格這些符號搞得頭昏腦脹！但是後來發現，一句韓文也不會，根本不是問題，可以自助玩得很開心！千萬不要因為對於語言感到恐懼，就錯過首爾這個好地方。

　　首爾的地鐵站名都有中文，在很多旅遊景點都有詢問處，提供中文、英文等地圖。遇到需要問路的時候，就算路人不會英文，還是可以利用指指點點，比手畫腳，順利找到目的地！此外，現在的首爾街頭人手一隻 smart phone，常常只需要出示韓文店名跟地址，路人就可以用手機幫你查出目的地！

　　至於很多人擔心的點菜問題，其實一點也不難，事前做足功課，或觀察別人點些什麼，加上菜單上的圖片，不懂韓文也是可以順利點到菜！總而言之，不會韓文也是可以去韓國自助的，如果真的不放心，就學個幾句簡單的韓文，再加上「手指韓文」、「一指神功」和「滿腔熱情」便能克服一切問題！

Q3 去韓國自助花費會很貴嗎？
大概要花多少？

Ans 機票、住宿相較於日本其實不貴，吃的消費接近台北，看地區和餐廳，價格會有差異。

機票

　　近年來去首爾的人越來越多，建議越早決定日期，就早點訂機票。從台灣飛到韓國的時間不到 3 小時，一般而言，比較理想的時間是早去晚回。可以比較各家航空公司的時間、價錢，選出適合自己的航班！目前台北直飛首爾的航空公司有：大韓航空、韓亞航空、長榮航空、國泰航空、泰國航空、中華航空。好消息是，台北松山機場從 2012 年 4 月開始直飛首爾金浦機場，松山－金浦航線每天共 2 班，分別由台灣的華航、長榮航空及韓國的兩家廉價航空 T'way 與 Eastar 經營。華航與 T'way 每週飛 3 班，長榮與 Eastar 每週飛 4 班，如此一來可以節省更多從機場到首爾市區的時間，真的是一大便利啊！

住宿

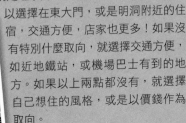

　　網路上有很多旅人推薦的住宿，都屬於比較熱門，約莫要 3～4 個月先行預訂！越晚訂當然就有可能面臨找不到住宿的問題，或是無法訂到自己理想的住宿，特別是旺季的時間。如果以逛街取向，可以選擇在東大門，或是明洞附近的住宿，交通方便，店家也更多！如果沒有特別什麼取向，就選擇交通方便，如近地鐵站，或機場巴士有到的地方。如果以上兩點都沒有，就選擇自己想住的風格，或是以價錢作為取向。

Info

首爾住宿推薦

線上訂房網站（以下訂房網站皆提供中文介面）

- Innostel：innostel.visitseoul.net/main
- Hotelwide：www.hotelwide.com
- Korea Hotels：www.koreahotels.net
- Agoda：www.agoda.com
- Asiarooms：www.asiarooms.com

首爾民宿（以下民宿為作者的經驗，供參考）

Seoul Tower ville：
www.seoultowerville.com

距離明洞很近是一大優點，屬於
家庭式的房間，有廚房、客廳，配
備都算齊全。缺點是位於半山坡
上，出門回去皆要爬一個小型「好
漢坡」。從機場去程坐巴士到明
洞世宗飯店站，老闆會開車來
接，回程也會從民宿接送到巴
士乘車處，不用擔心要扛著大
包小包爬坡。

SA SEOUL：www.saseoul.com

這間民宿房間風格走的是簡約
的 MUJI 風格，也是因為
如此受歡迎，地理位置於
首爾車站附近，為首爾的
中心部。房間也是屬於家庭
式，由於數量不多，需要提
早幾個月預約，以免向隅。
這間民宿在冬天也提供滑雪
教學的預約，有興趣在冬天
前往的朋友可以參考。

東大門 FTville：www.ftville.com

距離東大門很近是一
大優勢，因為東大門從
晚上開到白天，占地利
之便，可以天天去東大
門買個夠！房間類型屬
於公寓套房式，基本房
間配備都有。這間民宿
也是常常客滿，想入住
的朋友，建議越早預約
越好。

※ Hongsi Guest House：
www.hongsiguesthouse.com
這間民宿的位置算是離市中心稍遠一點，但是位於大學生常聚集的弘大地區，要去新村站和梨大站也很近，如果想要體驗首爾年輕人的活力，在這一區可以見識很多。民宿布置很有特色，親切美麗的老闆娘，也常常讓住宿的旅客感到印象深刻！

※ Backpackers Korea：
www.backpackerskorea.com
共有兩間，分別位於東大門和新村，地理位置十分不錯，房間布置簡單，配備該有的都有，位於新村那間是 2010 年開的，設備較新穎些！民宿的管理者是兩位很親切的年輕韓國男生，民宿整體相當受自助旅行者的推薦！

吃

基本上來說，如果你沒有吃昂貴的韓牛、韓式會席，或是什麼高級餐廳、西餐廳，原則上餐費不會太昂貴。以四人為單位來算，去吃烤肉一人大概 300 多元台幣，其他的餐廳平均分攤下來一人也差不多 100 ～ 200 元左右。韓國食物份量對於食量一般的女生而言，有時會覺得吃不消，因此比較建議點來大家分享。只要點菜點的適當，在加上事前有作過功課，吃飯方面不會花太多錢，可吃的好又滿足！

交通

以基本五天行程來說，建議使用「T-money」，它類似台灣的悠遊卡，可以一直儲值且無期限。在首爾坐地鐵，不管多遠，用 T-money 都是 1,050 韓元（原本 1,150 韓元，），但是當然超過一定距離，會往上加個幾百元韓元不等。以作

者自身的經驗，五天行程交通費大約花費 10,000 ～ 20,000 韓元（約台幣 400 ～ 500 元）。

　　有時候要去的地方差一、兩站距離，其實可以用走的，因為走走逛逛也會有意想不到的收穫。特別注意的是，要進韓國地鐵站時，請先確定要坐的路線和方向，因為不像台北捷運進站再看就好，有時候太莽撞進站，弄錯方向，就需要繞很大一圈，或是求助站務人員開門到對面的月台，而耗費許多時間，請特別注意。

購物

　　在首爾不同的地區，貨品當然會有些價差，就像有些商品在台北一樣，五分埔和東區的價錢也是有差別。待在首爾時間較長的朋友，建議先在各區比較之後再下手。如果時間不夠，建議頂多在同一區比較即可購買，因為錯過了要再回去買，時間或許會不夠喔，畢竟在首爾購物是分秒必爭啊！如果需要講價錢，有些店家是可以接受，然而百貨公司或是一些已經有公定價格的商場就無法講價了。請大家切記，買賣本來就是雙方開心，不要殺價到太不留情，到時老闆變臉，可就很尷尬啦。達到「你開心他也開心」，才能享受逛街購物的樂趣！

Q4 去韓國行李怎麼打包?

Ans 打包行李好 Easy！請跟我這樣做

衣服要怎麼收納，才會省空間？

如果把衣服一件件像是平常收納的樣子折，其實很占空間，最節省行李箱空間的方式就是捲起來收納，尤其牛仔褲類的。因為大多數人去韓國要買的東西真的太多，去的時候行李箱一定得要多點空間，才能裝更多的戰利品。

怕衣服折到，內衣變型，有什麼好方法？

這裡推薦一個好東西，可以收納女性內衣和比較容易折到的襯衫衣物，就是——洗衣袋。洗衣袋現在有分內衣和襯衫專用，之所以好用是因為有多一層保護，可以避免被爆滿的行李箱內物品壓到而變形。此外，如果要去比較多天，住宿的地方有洗衣機，也可以當作洗衣袋丟進去洗，是個一石二鳥的好方法。

瓶瓶罐罐收納，一包搞定！

建議大家使用透明的旅行收納袋。材質款式請選擇防水、透明，方形或長形皆可，如此一來透明袋子裡面東西一目了然。放在行李箱內，整齊收納可省空間，又有提帶可以提著，大小也剛剛好。可以將盥洗用具、瓶瓶罐罐、痠痛藥膏、化妝包等等塞進去。選防水材質的用意，主要是瓶瓶罐罐如不小心流出來，也不會把行李箱搞的一踢糊塗。此外，每次要使用這些東西，只要從行李箱將這一包都提出來就可以，省去那邊找、這邊找的時間。

去韓國旅行，別忘了多帶一個購物袋 or 行李袋！

除了行李箱之外，建議多帶一個可折疊

尼龍材質的黑色行李袋。為什麼是可折疊？而且是黑色尼龍材質的呢？好折疊是一定要的，因為出國前可以放在行李箱內的最上面，等到旅行結束時，即可拿出行李袋分裝，手提上飛機。選黑色尼龍材質是由於很耐重、耐髒，雖然帆布材質很耐重，但是也較容易髒，而且比較難折疊。

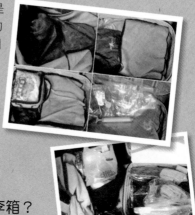

自助旅行，有什麼東西一定要放進行李箱？

建議一定要帶的物品有以下幾項：

· 面膜：有些國家天氣比較乾燥，像是韓國就是，而且敷臉最快速，可以省去帶瓶瓶罐罐一堆，且不比一片面膜有效！雖然韓國也很多面膜可買，但如果不確定自己適合用哪款，建議先從台灣帶一些常用的比較保險。

· 痠痛藥膏：這裡要推薦泰國的熱膏和冷膏，有興趣的朋友可以上網搜尋一下牌子。自助旅行會遇到的問題就是走了一天的路，或是背東西背得很累，一定要在睡前擦一下痠痛藥膏，再將「休足時間」時間貼在小腿，最後穿上睡眠減壓襪，真的是很有效！在韓國，OLIVE YOUNG 有賣「休足時間」，現在台灣也有一些店有賣。

· 壓縮袋（附隨身抽氣筒）：冬天去旅行，壓縮袋是最好的幫手！可以將厚重的衣物壓縮到最小，節省行李箱空間，可以買更多的戰利品！

追星族請注意！帶個海報桶吧！

去韓國，有時候買專輯或是美妝品時，只要是明星代言的品牌到一定金額，有可能會送海報，但並不會給海報桶。如果不想一直小心翼翼背著海報趴趴走，請記得帶一個海報桶，不用太粗，可是切記不要太短，不然有些海報尺寸會進不去。

海報桶在出國前收納，可以成對角線斜放在行李箱內最上方，比較不占空間。如此一來，不用擔心你心愛的明星臉會被折到，可以平安無事的帶回家。

Q5 去韓國要怎麼換錢才划算？

Ans 一般建議在台灣換美金，
再去當地換錢，
是去首爾自助旅行者常選擇的方式

　　網路上有不少人在討論去哪裡換錢匯率最好，其實匯率每年都在變動，參考網路上的意見是可以，但自己實際去當地看看，還是比較準。

　　我建議在台灣換韓元只要換夠前一、兩天用的即可，剩餘就是看每天花多少，再用美金於當地換錢所換，花不完的美金還可以帶回來。原則上換錢所很少有「偽鈔」的問題，依目前大家去韓國的經驗，是還沒有遇到過，可以放心。真的很不放心的人，建議可以去韓國銀行換，匯率當然沒有比民間換錢所來的好，但是可以在網路上找一些換錢手續費折扣的 coupon，可以參考如下：

www.konest.com

www.seoulnavi.com/coupon/
coupon_list.php?key=02

chinese.visitkoreayear.com/chinab/
benefit/benefit_06_01_01.asp

此外，在韓國使用信用卡是十分普遍的，因此，現金帶不夠的時候，信用卡也可以派上用場。

Q6 韓國食物會很辣嗎？
不吃辣的人也可以去嗎？

Ans 雖然韓國食物普遍調味偏辣，
不過仍有不吃辣的人可以吃的食物

　　普遍來說，韓國泡菜、辣炒年糕、泡菜鍋、辣炒雞排等都是偏辣的，建議很想嘗試的人，可以跟店家溝通，看能不能不要這麼辣。

　　至於一點辣也不能吃的人，還有很多料理可以選擇：蔘雞湯、海鮮煎餅、雪濃湯、炸醬麵等，選擇性是很多的～所以即便不能吃辣，還是可以吃到韓國的特色料理！再來喜歡吃甜食的朋友，韓國的甜甜圈、冰品、雞蛋糕、糖餅等甜點千萬別錯過喔！

Part 3

玩樂首爾
Seoul is so fun

景點標示，推薦第一次去首爾的人：
非去不可★★、推薦★☆、值得一去★

A. 白天夜晚都美麗的必遊景點

B. 體驗韓國文化之美

C. 走～我們來去逛大學

D. 購物天堂，就在首爾

E. 半日遊、一日遊推薦

F. 體驗首爾獨特魅力

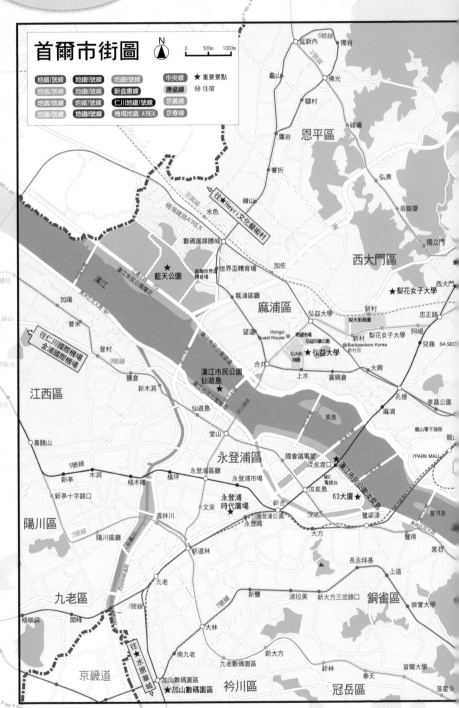

A. 白天夜晚都美麗的必遊景點

N 首爾塔 N 서울타워 ★★

　　N 首爾塔可說是首爾的地標，觀光客到首爾旅遊幾乎都會造訪此處！首爾塔也是許多韓劇、韓國綜藝節目的取景之地，要感受首爾的魅力，就要來 N 首爾塔一探究竟。

　　N 首爾塔白天和夜晚都值得一遊，白天可以將首爾的景色一覽無遺，也可以在南山公園優閒的漫步。夜晚 N 首爾塔展現獨特的魅力，也是許多情侶約會的勝地，每天傍晚 7 點到夜間 12 點，N 首爾塔有絢麗的夜間燈光秀，讓人見識 N 首爾塔夜間的活力！

Data

◎ 地址：1-3 首爾市龍山區龍山洞 2 街
　 서울 용산구 용산동 2 가 산 1-3
◎ 交通資訊：搭乘纜車前往 N 首爾塔，地鐵 4 號線《424》明洞站 3 號出口
◎ 旅遊諮詢：02-21330（中英日韓）
◎ 官方網站：www.nseoultower.co.kr（韓英）
◎ 營運時間：展望台 10:00 ～ 23:00
◎ 費用：纜車來回→13 歲以上成人：7,500 韓元／4 歲～12 歲兒童：5,000 韓元；單程→13 歲以上成人：6,000 韓元／4 歲～12 歲兒童：3,500 韓元
◎ 展望台：成人 8,000 韓元
◎ 泰迪熊博物館：成人 8,000 韓元
　 展望臺＋泰迪熊博物館套票：成人 12,000 韓元

清溪川 청계천 ★★

　　清溪川於 1970 年建造，經過 2005 年的整修之後有了

今日的面貌，成為首爾市熱門觀光景點。清溪川沿途流經首爾市內眾多著名景點，不管是遊客專程造訪或是路過，十分建議停下

Data

◎ 清溪川區域：清溪廣場（청계광장）～古山子橋（고산자교）
◎ 交通資訊：
◎ 清溪川清溪廣場：地鐵1號線《132》市廳站或地鐵5號線《533》光化門站
◎ 清溪川東大門段：地鐵4號線《205》東大門歷史文化公園站
◎ 諮詢電話：02-2290-7111
◎ 官方網站：www.cheonggyecheon.or.kr

腳步，坐在河邊，欣賞清溪川的美麗。清溪川在各處皆有不同的特色，特別推薦清溪川的源頭「清溪廣場」，以及位於熱鬧逛街地段的「清溪川東大門段」。清溪廣場有美麗的瀑布，在夜晚會與絢麗的燈光相得益彰，讓人留下深刻的印象！清溪川東大門段提供逛街疲累的旅人一個歇腳之處，還可以欣賞噴水秀。

盤浦大橋 반포대교 ★☆

月光彩虹噴水秀可說是盤浦大橋的主要大秀，這個秀也不是一年365天，全年無休天天都有的，是季節限定啊！白天時候可以看到盤浦大橋跟漢江相輝呼應的江邊風光；到了傍晚，天色漸暗、橋上燈光漸亮，遠方矇矓的景色，也是另外一種風情。盤浦大橋的重頭戲就非夜幕低垂的彩虹噴水秀莫屬，壯

觀的噴水秀搭配上絢麗繽紛的燈光，會讓人忘了時間，沉浸在這燦爛美麗的氣氛中！

Data

◎ 地址：首爾瑞草區盤浦洞
　서울특별시 서초구 반포동
◎ 交通資訊：地鐵 9 號線《923》高速鐵路巴士站 8 號出口或是 8-2 號出口
◎ 諮詢電話：02-3780-0578
◎ 官方網站：hangang.seoul.go.kr（韓英）
◎ 月光彩虹噴水時間：每年 4 月～ 10 月開放
◎ 春秋季表演時間：
　周一～五：12:00、17:00、20:00
　周末：12:00、17:00、20:00、21:00
◎ 夏季表演時間
　周一～五：12:00、18:00、20:00、21:00
　周末：12:00、18:00、20:00、21:00、22:00
◎ 小叮嚀：每次表演時間約為 20 分鐘，以上時間會因天候狀況或特殊情況有所變動。

首爾 63 大廈 63 빌딩 ★

　　63 大廈是目前韓國最高的大廈，因為地上 60 層、地下 3 層而取此名。63 大廈是很多人約會的首選，許多韓劇和韓國綜藝節目也常到此取景。63 大廈內部的設施很多，從 60 層最高處的瞭望台可以清楚看到漢江和遠方的美景。此外，63 大廈內的餐廳也能讓人大飽口福、盡收美景，還有海洋世界、IMAX 電影院和眾多商店，是一個讓人從白天到晚上都盡情玩樂的好地方！

Data

◎ 地址：首爾永登浦區汝矣島洞 60 號 63 大廈
　서울특별시 영등포구 여의도동 60 번지
◎ 交通資訊：地鐵 5 號線《527》汝矣島渡口站 4 號出口
◎ 諮詢電話：02-2789-5663
◎ 官方網站：www.63.co.kr（韓英中日）
◎ 費用：
　‧海洋世界：成人 17,000 韓元
　‧天空藝術城：成人 12,000 韓元
　‧I-MAX 3D 電影院：成人 12,000 韓元
　‧WAX 博物館：成人 14,000 韓元
　‧音樂劇：成人 30,000 韓元
　‧套票：成人 28,000 韓元

漢江市民公園　한강시민공원　★☆

　　漢江沿途的市民公園各有特色，其中又以汝矣島、仙遊島和纛島三個市民公園廣為人知。汝矣島漢江市民公園在春天會有櫻花節、秋天有國際煙火節，提供首爾市民和觀光客良好的休憩好去處。仙遊島市民公園是韓國最早的生態公園——水公園，不管是園內的水生植物園或是噴水池，讓人充分感受到自然生態之美。纛島市民公園一年四季提供各式各樣的休閒娛樂活動，結合自然景觀和休閒設施，成為漢江邊最迷人的一座公園遊樂園區。

Data

◎ 漢江市民公園分布：從廣津渡口沿途遍及蠶室、纛島、蠶院、盤浦、二村、汝矣島、楊花、望遠、仙遊島、蘭芝到江西地區等 12 個地區。
◎ 交通資訊：
　漢江市民公園汝矣島　地鐵 5 號線《527》汝矣島渡口站 2、3 號出口
　漢江市民公園仙遊島　地鐵 9 號線《912》仙遊島站 2、3 號出口
　漢江市民公園纛島 地鐵 7 號線《728》纛島遊樂園站 2、3 號出口
◎ 官方網站：hangang.seoul.go.kr（韓英）

駱山公園　낙산공원　★

　　駱山公園是因為山的形狀像駱駝的駝峰而得此名，沿著往駱山公園的方向步行而上，可以看到很多可愛且有創意的壁畫塗鴉，白天的時候前往，可以感受到此區洋溢著藝術的活力氣息。夜晚時，此處人煙稀少，建議夜晚欲前往此處，請務必兩人以上結伴同行，注意自己的安全喔。駱

山公園是很多
情侶們欣賞首
爾夜景的私密
景點，在夜晚
寧靜的氣氛之
下，欣賞首爾
的夜景是十分
浪漫呢！

Data

◎ 地址：首爾鍾路區東崇洞 2-10 號
　　서울특별시 종로구 동숭동 산 2-10
◎ 交通資訊：地鐵 4 號線《420》惠化站 2 號出口，往馬羅尼矣公園方向，
　　步行約 10 ～ 15 分鐘
◎ 諮詢電話：駱山公園管理所 02-743-7985 ～ 6
◎ 官方網站：parks.seoul.go.kr（韓英中日西法）

人工浮島 새빛둥둥섬 플로팅 아일랜드 ★

　　為韓國第一個以花朵為造型而建造的人工浮島，位於
盤浦大橋的南端，總共由三個浮島構成：Vista、Viva、
Terra。三個浮島各具備會議廳、多功能展廳、咖啡廳、酒吧、
水上運動設施等。到了夜晚，人工浮島變成漢江上三座閃耀
的花朵，LED 燈光、雷射燈和噴泉相互呼應，為夜晚增添絢
麗奇幻的迷人景色。

Data

◎ 地址：首爾瑞草區盤浦洞
　　서울특별시 서초구 반포동 650 번지 한강공원
◎ 交通資訊：地鐵 9 號線《923》高速鐵路巴士站 8-1 號出口
◎ 諮詢電話：02-3447-3100
◎ 官方網站：www.floatingisland.com（韓中日英）

B. 體驗韓國文化之美

景福宮／昌德宮／德壽宮 ★★
경복궁／창덕궁／덕수궁

● 景福宮可說是觀光客到首爾必定造訪的景點之一，除了傳統的韓國宮廷建築值得一看之外，鄰近的古宮博物館和民俗文物館也可以看到豐富的韓國古物典藏。此外，景福宮的大門口有穿著傳統服飾的站衛兵交接，別忘了去拍張照留念一下！

● 昌德宮被列為世界文化遺產，宮殿和後花園都十分值得參觀，特別是秋天楓葉時節，翩翩落下的楓紅和昌德宮相映成趣。

● 德壽宮就位於市中心的市政廳區域，在現代繁華和古代建築的呼應之下，富涵詩意的德壽宮石牆路更顯出不同的氣氛，秋天時候，漫步在石牆路上，彷彿古今連結，時空凝結在這美好的一刻。

Data

◎ 地址：
　景福宮　首爾鍾路區世宗路 1-1 號
　서울특별시 종로구 세종로 1-1
　昌德宮　首爾市鍾路區臥龍洞 1 號
　서울특별시 종로구 와룡동 1
　德壽宮　首爾市中區貞洞 5-1
　서울특별시 중구 정동 5-1

◎ 交通資訊：
　景福宮　地鐵 3 號線《327》景福宮站 5 號出口
　昌德宮　地鐵 3 號線《328》安國站 3 號出口
　德壽宮　地鐵 1 號線《132》市政廳站 2 號出口

◎ 開放時間：
　景福宮　3 ～ 10 月 09:00 ～ 18:00；11 ～ 2 月；09:00 ～ 17:00；5 ～ 8
　月周末、假日 09:00 ～ 19:00
　昌德宮　每周四開放自由參訪；4 ～ 10 月 09:00 ～ 18:30；11 ～ 3 月
　09:00 ～ 17:30；12 ～ 2 月 09:00 ～ 17:00
　德壽宮　09:00 ～ 21:00（每周六 09:00 ～ 16:00 中和殿開放參觀）

◎ 費用：
　景福宮　入場費 3,000 韓元（可免費參觀國立古宮博物館、國立民俗博
　物館）
　昌德宮　自由觀覽券（可參觀全宮殿，除祕苑區域外）3,000 韓元、祕苑
　區域參觀券 5,000 韓元
　德壽宮　入場費 1,000 韓元

◎ 諮詢電話：
　景福宮　02-3700-3900 ～ 1
　昌德宮　02-762-8261
　德壽宮　02-771-9951

◎ 官方網站：
　景福宮　www.royalpalace.go.kr（韓英）
　昌德宮　eng.cdg.go.kr（韓英日中）
　德壽宮　www.deoksugung.go.kr（韓英）

三清洞　삼청동　★★

　　三清洞是現代和傳統兼容並蓄的一
個區域，不管是第一次造訪，或是已經造
訪首爾許多次的，三清洞絕對是值得一去
再去的地方！在三清洞密密麻麻的小巷子
中，總會發現許多驚奇，擺設具有巧思的
商店、飄著濃濃香氣的咖啡廳、傳統的韓
屋建築、各式各樣的博物館，三清洞絕對
值得你花一整天，或是找個假日的午後，
來感受優閒。

Data

◎ 地址：首爾市鍾路區三清洞
　　서울특별시 종로구 삼청동
◎ 交通資訊：地鐵 3 號線《328》安國站 1 號出口，
　　沿著指示路標走

北村韓屋村　북촌한옥마을　★★

　　北村韓屋聚落已有
600 年歷史，至今都還是
有人居住。想要一窺久遠
的傳統韓屋建築，必定得
到北村來走一遭，蜿蜒錯
綜的小巷弄，可以猜想
600 多年以前的居住風貌。
北村的韓屋建築在冬天特
別迷人，白雪靄靄覆蓋屋
簷，呈現一片雪白的樣貌，
也讓人感受到寧靜與自在。

Data

◎ 地址：首爾市鍾路區嘉會洞
　　서울특별시 종로구 가회동
◎ 交通資訊：地鐵 3 號線《328》安國站 2 號出口
◎ 諮詢電話：02-3707-8388
◎ 官方網站：bukchon.seoul.go.kr（韓英日中）
◎ 備註：建議先到安國站 1 號出口附近的北村旅遊諮詢中心索取地圖和資訊

南山谷韓屋村　남산골 한옥마을　★

　　如果在忙碌的行程中，沒有辦法好好見識韓屋之美，那麼位於市中心的南山谷韓屋村就是很好的選擇。南山谷韓屋村裡面重現一些古代時期生活的面貌，展示生活用具，如果想要一窺韓國古代生活的面貌，交通便利、景致怡人的南山谷韓屋村就不容錯過！

Data

◎ 地址：首爾市中區筆洞 2 街 84-1
　　서울특별시 중구 필동 2 가 84-1 남산골한옥
◎ 交通資訊：地鐵 4 號線《423》忠武路站 3 或 4 號出口
◎ 開放時間：免門票，每周二公休日
◎ 諮詢電話：02-2266-8923
◎ 官方網址：www.hanokmaeul.org（韓英中日）

三星美術館 Leeum 삼성미술관 리움 ★

三星美術館是由三星文化財團所設立的，美術館分為兩部分的典藏，museum1 為韓國古代美術的展示；museum2 為韓國當代和外國近代的典藏，展品豐富，值得一看。三星美術館的建築物也很有看頭，是由三位國際級建築師聯手打造，新穎富有現代感的建築，也令人留下深刻的印象。

Data

◎ 地址：首爾市龍山區漢南 2 洞 747-18
　　서울특별시 용산구 한남동 747-18
◎ 交通資訊：地鐵 6 號線《631》漢江鎮站 1 號出口
◎ 開放時間：10:30 ～ 18:00（周一休館，1/1 休館，中秋節、春節連休）
◎ 費用：常設展 10,000 韓元（可參觀 museum1、2）；不定期特展 5,000 韓元
◎ 諮詢電話：02-2014-6901
◎ 官方網站：www.leeum.org（韓英）

國立現代美術館　국립현대미술관　★

　　國立現代美術館館藏豐富，展出韓國近當代美術以及世界美術。整個美術館的建築也十分有特色，有傳統的圍牆和階梯，以及重現古代的烽火台，將當代和古代做了巧妙的結合。美術館的附近還有首爾樂園以及動物園，周末空閒之餘造訪此處，也能度過美好的一天！

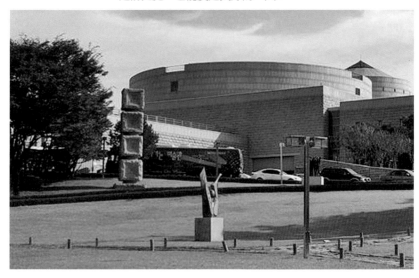

Data

◎ 地址：京畿道果川市莫溪洞 58-4
　　경기도 과천시 막계동 산 58-4
◎ 交通資訊：地鐵 4 號線《437》首爾大公園站 2 號出口
◎ 開放時間：每周一、1/1 公休；3 ～ 10 月 10:00 ～ 18:00（六、日、例
　　假日到 21:00）；11 ～ 2 月 10:00 ～ 17:00（六、日、例假日到 20:00）
◎ 費用：常設展免費；特展一般票（19 ～ 64 歲）3,000 韓元
◎ 諮詢電話：02-2188-6114
◎ 官方網站：www.moca.go.kr（韓英）

國立中央博物館　국립중앙박물관　★

　　國立中央博物館收藏超過 20 萬件豐富的考古、美術、歷史等館藏，除了豐富的館藏值得一看之外，此處也是韓國十分具有代表性的景點之一，想要一窺韓國的文化之美，體驗豐沛的文化內涵，千萬別錯過國立中央博物館！

Data

◎ 地址：首爾市龍山區西冰庫洞 西冰庫路 137
　　서울특별시 용산구 용산동 6 가 168-6
◎ 交通資訊：地鐵 4 號《430》二村站 2 號出口
◎ 開放時間：公休日 1/1、每周一；周日 09:00 ～ 19:00；周二、四、
　　五 09:00 ～ 18:00；周三、六 09:00 ～ 21:00
◎ 費用：常設展示館、兒童博物館免費入場；特展需繳付入場費
◎ 諮詢電話：02-2077-9000
◎ 官方網站：www.museum.go.kr（多國語言網站）

C. 走～我們來去逛大學

梨花女子大學 이화여자대학교

梨花女子大學可說是韓國最優秀的女子大學，濃濃的大學氣息瀰漫整個校園，校園內古老建築和現代建築互相呼應，可以秒殺不少底片；而梨花女子大學生們的穿著打扮，也讓人目不轉睛。逛完美麗的校園，別忘了到周邊的咖啡廳去度過悠閒的下午，成列琳瑯滿目商品的女人街也值得去逛一逛，就當個一天的梨大學生吧！

TOP 首選

· **女人街**：造訪梨大千萬不能錯正門口的一條街，有很多美妝店和服飾店，要打造跟梨大女生們一樣浪漫的韓式風格，就一定要到這裡來瞧瞧！

· **Kosney**：走在梨大街上，看到一隻很顯眼的高跟鞋，就知道 Kosney 到了！裡面賣各式各樣的生活用品和創意文具，很受女生們的歡迎，多樣化的商品選擇也滿足女孩們的購物慾望。

· **咖啡廳**：女生最愛的咖啡廳下午茶，在梨大周邊有很多選擇，不論是甜點好吃、裝潢浪漫可愛，或是有主題風格的咖啡廳，都能讓人度過一個美好的午後！

Data
◎ 交通資訊：地鐵 2 號線《241》梨大站下車 2、3 號出口

弘益大學　홍익대학교

　　弘大是一間藝術專門的知名大學，因為這樣的背景下，為這一區增添不少藝術氣息。弘大也是許多年輕人會聚集的地方，在這裡服飾店、餐廳、練歌房、夜店、酒吧應有盡有，想要體驗年輕的活力以及時下流行的趨勢，千萬不要錯過弘大！

Data

◎ 交通資訊：地鐵2號線《239》弘大入口站9號出口

TOP 首選

·**弘大自由市場**：每年 3～11 月，每周六的下午 1 點到 6 點，在弘大正門前的弘益兒童公園有可以挖寶的自由市場。這個結合跳蚤市場和創意市集的自由市場，絕對能夠讓你逛一整個下午，沉浸在發現新奇小物的樂趣當中！

·**弘大 Club day**：弘大這區的夜店不少，想要用便宜的票價玩遍弘大的各大夜店，Club day 就是很好的選擇。每月最後一周星期五，只要購買一張通行證，就能讓你在 21 間夜店裡 HIGH 翻一整夜！

·**弘大越夜越美麗**：如果夜深了，除了東大門不打烊的服裝市場之外，也可以到弘大這裡來，感受越夜越美麗的活力！有外觀新穎的練歌房、各式各樣的居酒屋，也有提供熱鬧氣氛和好吃食物的 24H 營業餐廳，隨時滿足你的味蕾。

慶熙大學　경희대학교

　　慶熙大學為韓國三大私立名校之一，也有不少名人和偶像明星就讀於此。慶熙大學令人難忘的是美麗的校園和校舍，往往讓人有種錯覺似乎置身在歐洲。慶熙大學一年四季都值得造訪，特別是春天，櫻花盛開將整個校園點綴的美侖美奐。

TOP 首選

·**讓人忘記身處在首爾的歐風校園**：第一次造訪慶熙大學的人，一定會被校園裡美麗的建築物所吸引，校園裡的每一棟建築都值得拍照留念，不管怎麼拍都能成為畫報般的美麗！

·**一年四季都美麗的慶熙大學**：特別是在春、秋兩季，春天櫻花盛開，整個歐風的校園在櫻花紛飛的時節，顯得分外迷人！秋天的楓紅，更加增添校園內的異國氛圍，在欣賞美麗的楓葉同時，彷彿心也隨之飄到另外一個國度。

·**慶熙大學附近的蔥餅街**：來到慶熙大學，不要錯過的就是附近的「蔥餅街」。這裡的蔥餅搭配韓國傳統酒馬格利特別的順口！至於店家這麼多，要怎麼選擇？不妨可以問問慶熙大學的學生們，他們絕對可以推薦他們心目中 No.1 的蔥餅店。

Data

◎ 交通資訊：地鐵 1 號線《123》回基站，1 號出口，轉搭 1 號公車

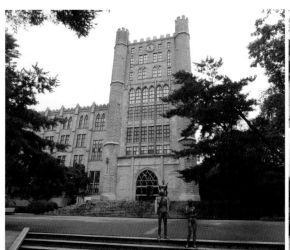

D. 購物天堂，就在首爾

通宵達旦的購物激戰區 —— 東大門 동대문

Info 建議避開 8/11 ～ 8/19（東大門暑休時間每年不定，這段期間為可能休息的時間）和中秋連假前往。

Shopping Point 1：Hello apm
헬로에이피엠 패션몰

　　客群年齡約在 10 ～ 20 歲間，價格實惠，樣式多樣，年輕休閒的服飾居多，可以來這裡挑一件超好穿又顯瘦的韓版牛仔褲，一定讓你滿意。

- 地址：首爾中區乙支路 6 街
  서울특별시 중구 을지로 6 가
- 營業時間：10:20 ～翌日 05:00
- 休息日：每周二

Shopping Point 2：Doota　두산타워

　　主要客群為10 ～ 30 歲之間，服飾時髦又流行，設計感十足。在這裡可以買到不少質感頗優的服飾，但是價格比起其他商場來說相對高，屬於中高價位。

- 地址：首爾中區乙支路 6 都塔大樓 18-12
  서울특별시 중구 을지로 6 가 18-12
- 營業時間：周二～六為 10:30 ～翌日 05:00
  ；周日 10:30 ～ 23:00；周一 19:00 ～翌日 05:00
- 休息日：每周日 23:00 ～周一 19:00

Shopping Point 3：Migliore
동대문 밀리오레

　　美利來的主要客群為 10 幾歲的年輕人，整體風格介於傳統商場和百貨商場之間，廣受年輕韓國女生的喜愛。在這裡服飾選擇多元，價格也適中，如果多方比較，也能找到不少價格平實、品質頗優的服飾。

- 地址：首爾中區乙支路 6 街美利來商場
  서울특별시 중구 을지로 6 가 18-185
- 營業時間：10:30 ～翌日 05:00
- 休息日：每周一

Shopping Point 4：Good morning city
굿모닝시티쇼핑몰

Good morning city 是東大門商場中較新的商場，於 2008 年開幕。整個購物商場結合服飾、餐廳、電影院、汗蒸幕等，可說是複合式的綜合購物商場。來到此處，不僅僅是享受逛街的樂趣，同時也可以體驗多項娛樂設施。

- 地址：首爾中區乙支路 6 街 18-21
  서울특별시 중구 을지로 6 가 18-21
- 營業時間：10:30 ～翌日 04:30
- 休息日：每周二

Shopping Point 5：NUZZON 누죤

NUZZON 算是東大門東側批發地區的代表性商場，主要是批發客去的商場。在這裡東西不但便宜，品質算是不錯，有時間不妨可以看一看。整個商場看起來明亮整潔，商品種類也是琳瑯滿目，應有盡有。

- 地址：首爾中區新堂洞 200-5 號
  서울특별시 중구 신당동 200-5 번지
- 營業時間：20:00 ～翌日 05:00
- 休息日：周六 08:00 ～周日 20:00

Shopping Poin 6：U:US 패션몰 유어스

U:US 商場可說是批發客們必定造訪的商場之一，寬敞的賣場讓人能舒適的購物，一般來說這裡是不賣散客的，但是仍可試著詢問看看。在 U:US 可以找到不少質感不錯又有設計感的服飾，重點是，價格很實惠。

· 地址：首爾中區新堂洞 251-7
　서울특별시 중구 신당동 251-7
· 營業時間：08:10 ～ 18:00
· 休息日：周六

感受平民購物的魅力 ——
南大門 남대문 시장

南大門市場位在首爾火車站與明洞之間，地處市中心，交通便利，可說是韓國最大且歷史悠久的綜合型市場。南大門市場裡五穀雜糧、生活用品、民俗工藝品、土產品紀念品、服飾等應有盡有，特別是兒童服飾，幾乎占了全韓國 90% 的兒童服飾批發，只要多花點時間耐心逛，一定能找到不少物美價廉的商品。

在南大門市場不僅僅能體驗傳統綜合市場購物的樂趣，市場裡許多值得嘗試的小吃和韓國傳統料理也不容錯過！盡情在南大門市場感受傳統市場的活力吧！

Data

◎ 地址：首爾市中區南倉洞 49 號
　서울특별시 중구 남창동 49
◎ 交通資訊：地鐵 4 號線《425》會賢站 5 號出口
◎ 營業時間：00:00 ～ 06:00；一般店家 07:00 ～ 18:00
◎ 休息日：大部分店家休周日

Info / GUIDE TIPS

建議先去旅遊諮詢中心拿地圖和相關資訊，可以節省許多在南大門迷路的時間。

☆ 南大門旅遊諮詢中心 1：會賢站 5 號出口，往南大門市場方向步行約 3 分鐘
☆ 南大門旅遊諮詢中心 2：位於南大門市場 Brudeng 童裝商城和中央商城之間

熱鬧非凡美妝買不完 —— 明洞 명동

　　所有造訪韓國的觀光客，決不會錯過的就是明洞。明洞靠近首爾著名的觀光景點 N 首爾塔，是一個熱鬧非凡的購物中心，這裡聚集世界各地的旅客、餐廳、服飾、娛樂、美妝等應有盡有。此外這裡許多店員也都能說中文、英文和日文，讓人購物更加便利！如果不知道從何逛起？不如先去 Information 旅遊諮詢中心拿份地圖，詢問清楚，就能盡情暢遊明洞大街小巷。

Data
◎ 地址：首爾市中區南倉洞 49 號
　서울특별시 중구 남창동 49
◎ 交通資訊：地鐵 4 號線《424》明洞站

Shopping Point 1：韓國美妝店

　　明洞的美妝店真的是多到逛不完，由於觀光客聚集此處，明洞就變成美妝的激戰區。在這裡韓國美妝品牌應有盡有，要知道現在流行哪款彩妝，哪個保養品現在最熱門，來趟明洞就知道！

Shopping Point 2：SPAO ∕ EVERYSING

　　喜歡韓國偶像明星的朋友，應該對 SPAO 這個品牌不陌生。SPAO 有多種系列商品服飾，並且該品牌與 SM 娛樂公司旗下藝人合作，將明星魅力和品牌密切結合，成功的在市場上站有一

席之地。SPAO 的樓上就是販售 SM 娛樂公司藝人的周邊商品，還有 KTV 可以唱歌。這裡的 KTV 不同於其他地方，有官方 MV 可以看，所以喜歡 SM 娛樂公司旗下藝人的朋友，SPAO 和 EVERYSING 是一定不容錯過！

Shopping Point 3：FOREVER21

FOREVER21 的老版是韓裔美國人，是美國頗受歡迎的平價品牌，但是國內很少人知道。在明洞的這間 FOREVER21 除了位處人來人往的明洞大街上，整棟鮮明的建築物，感覺逛一天也逛不完。服飾商品種類之多，甜美、性感、休閒、家居等風格，真的會讓女孩們瘋狂阿！仔細一看，在明洞大街上，FOREVER21 鮮黃色的購物袋，提袋率還真不少呢！

Shopping Point 4：ART BOX

來到韓國除了買服飾、明星周邊和美妝，另一個讓許多人眼睛為之一亮的就是韓國的創意文具。ART BOX 在韓國有 100 多家分店，屬於知名度很高的文具品牌，店內琳瑯滿目的商品，會讓人發現好多驚奇。如果想要找禮品、紀念品等禮物，ART BOX 也是不錯的選擇喔！

Shopping Point 5：眼鏡店

不少人對於韓國的眼鏡很感興趣，不只是招牌的黑色鏡框，在明洞還有眾多的眼鏡行可提供各式各樣的流行款式。在韓國配眼鏡其實不麻煩，如果停留較久的人，可以選擇在當地把鏡框和眼鏡一起配好，如時間不多，當然也可以只單買鏡框，回國再去配鏡片。韓國眼鏡的特色在於款式新穎，不少鏡框也是講求輕量，讓人戴著時尚又沒負擔。

Shopping Point 6：韓流明星周邊商品

除了在明洞有 EVERYSING 販售 SM 娛樂公司齊下藝人的周邊商品，你可以發現其他也有不少攤販跟唱片行在販售明星周邊商品，有些是官方發行，

有些則否，不過價格不一，記得選購的時候可以比較一下。

Shopping Point 7：攤販小店走走逛逛

　　明洞除了眾多的服飾品牌、美妝店、飾品店等，街上的小販也不要錯過喔～有時候可以用實惠的價錢，買到滿意的商品，這是逛明洞的一大樂趣呢！當然，街上也有很多小吃攤販，逛累了、餓了、口渴了，別忘了停下腳步，看看這些小吃攤販，吃點東西補充體力，繼續逛下去吧！

體驗異國風情 —— 梨泰院 이태원

　　梨泰院是首爾最具有異國風情的一區，美軍在韓戰結束後駐紮於此地，經長久美國文化的影響下，為此區注入一股

Data

◎ 地址：首爾市龍山區
　梨泰院洞
　서울특별시 용산구 이
　태원동
◎ 交通資訊：地鐵6號
　線《630》梨泰院站

異國的活力，後來也吸引越來越多國家的文化在此發展。來到梨泰院，這裡的異國餐廳可以滿足你的味蕾；獨特的服飾能夠滿足你逛街的欲望；質感佳的皮製品和毛皮挑戰你的時尚品味，讓我們在梨泰院盡情感受異國的氛圍和熱情吧！

Shopping Point 1：物美價廉的皮製品

在黎泰院最廣為人知的就是豐富的皮製品，款式多、質感佳，喜歡皮製品的人可以在此盡情挑選。尤其當遇到折扣季，再講點價錢，就能用實惠的價錢買到滿意的皮製品，梨泰院販賣皮製品的商店很多，記得多比較，不用太急著下手喔！

Shopping Point 2：具有異國風情的特色商品

受到外國文化影響，當然少不了販賣具有異國風情的商品，最多的還是美式風格的商品，休閒風、運動風的商品都有，喜歡異國風情或是美式風格的朋友，記得來這裡逛逛！

Shopping Point 3：訂做獨一無二的獨特商品

想要訂做屬於自己獨一無二的皮製品？在梨泰院很多商店都有提供客製化的服務，可以選擇自己喜歡的款式、皮革，如果有時間等待訂製，就可以擁有一個屬於自己風格的皮製品。

藝術人文特色店家匯集區 ──
仁寺洞 인사동

仁寺洞是一個結合韓國傳統文化與藝術人文的地區，也是許多觀光客來到首爾會造訪的景點之一。在仁寺洞可以買到不少具有韓國特色的紀念品，從高單價的瓷器到傳統的生活用品應有盡有，還可以品嘗道地的韓國茶點，度過一個優閒的時光。建議周末的時間來造訪仁寺洞，因為在周末仁寺洞的街道會禁止車輛通行，可以盡情放鬆，漫步在悠閒的仁寺洞街道上。

Data

◎ 地址：首爾市鍾路區寬勛洞
　　서울특별시 종로구 관훈동
◎ 交通資訊：地鐵 3 號線安國站《328》6 號出口

Shopping Point 1：傳統工藝品買不完

　　仁寺洞有不少古董店、傳統藝品店、紀念品店以及特色小店，如果要選購具有韓國傳統的禮品或是紀念品，千萬不要錯過這些店家。當然路邊的攤販也是值得一看，販售著琳瑯滿目的商品，有穿著韓服的小熊吊飾、韓服娃娃的書籤、韓國傳統的餐具等等，別忘了選個紀念品回去，送禮自用兩相宜。

Shopping Point 2：Ssamzie Street 쌈지길

　　Ssamzie Street 是一個結合傳統文化和現代元素的複合式文化空間，在這裡可以買到設計師的商品、創意小物、特色飾品等眾多商品。Ssamzie Street 建築物設計十分特別，中間是廣場，周圍沿著廣場由底層到屋頂，是以斜坡的方式往上延伸，每一層各有特色，也有許多店家值得去逛一逛。頂樓的廣場讓來訪的遊客拍留念，也供應多樣化的小吃和點心。

Shopping Point 3：韓國的傳統紙——韓紙

　　韓紙是韓國的傳統紙張，仁寺洞這裡有許多文具店提供各式各樣的韓紙，樣式花樣選擇多，買個韓紙製作的信封回去當作紀念，也是很好的紀念品。

流行最前端時尚零時差——
新沙洞路樹街 신사동 가로수길
狎鷗亭羅德奧街 압구정 로데오거리

　　江南地區可說是首爾最具時尚及活力的地區，如果想要購買精品或是別具風格的商品，一定要來江南地區逛逛，後江南地區最有名的兩個購物點就是新沙洞路樹街和狎鷗亭羅德奧街。

　　新沙洞路樹街整條街 700 多公尺，沿途兩旁的行道樹和店家，讓這裡散發出濃濃的流行氣息。在這裡，若想找特別的飾品或是高質感的服飾，多花點時間逛，一

定可以找到不少！特別推薦這裡的髮飾及飾品店，不只款式獨特，你會發現不少韓國明星的飾品就是出自於這裡。逛街逛累了，這裡也有許多咖啡廳、下午茶餐廳，提供優閒舒適的休憩空間。

狎鷗亭羅德奧街位於 Galleria 百貨公司附近的一條小巷子，這裡結合精品和流行服飾，時尚敏銳的人來到這裡，可以感受到源源不絕的時尚魅力。雖然巷子不大，但是周邊的店家還是很有可看性，安排一個下午到江南地區，流連忘返於新沙洞和狎鷗亭，度過一個優閒且時尚的午後！

Data

交通資訊：
◎ 狎鷗亭羅德奧街地鐵 3 號線《336》狎鷗亭站 1、2 號出口
◎ 新沙洞路樹街地鐵 3 號線《337》新沙站 8 號出口
◎ 休息日：大部分店家休周日

Shopping Point 1：ALO 眼鏡店

這間眼鏡店在不少地方都有分店，店內是走潮流路線，鏡框都屬於簡約輕巧型，蠻受大眾的歡迎。眼鏡鏡框的價格有從 39,000 韓元～119,000 韓元不等。如果想要更高價，還有墨鏡跟鏡框供選擇，店內的女店員的英文十分不錯，溝通沒有問題。

Shopping Point 2：Dami 飾品店

裡面的精緻飾品都是手工的，也可以接受訂作，只是價格當然就不會非常親民，但是推薦喜歡獨特且流行的朋友們，可以來這裡挖寶。

Shopping Point 3：Farmer 飾品店

店內有很多手工的特色飾品，特別要推薦的是琳瑯滿目的髮箍和髮飾，款式都很可愛且有特色！店內有很多明星配戴飾品的照片，似乎有些明星也有用他們的飾品。單價屬於中間偏高，如果想要有質感或特別的飾品，可以到這間店看看。

Shopping Point 4：103 服飾店

103 可說是這個高級地段之中較為平價的服

飾店,在明洞也有一間分店。店內的衣服蠻有特色,服飾的展示按照顏色分區,例如像是紅色衣服一區,白色衣服一區,一目了然,可以按照自己喜歡的顏色,挑選到中意的款式。

Shopping Point 5:GEEK SHOP

GEEK SHOP 是販售歐洲、美國進口鞋為主的精品店,此外還有包包、飾品和配件等。GEEK SHOP 目前在首爾有五家分店,有些在韓國比較難找的國外品牌,在這裡都可以找到。

Shopping Point 6:millimeter/milligram

Millimeter/milligram 是韓國當地的設計品牌,當初是由幾位美術大學的學生一起創立,不只在狎鷗亭有店,其他地方如明洞、仁寺洞等等都有分店。店內販售的商品以文具為主,還有各式各樣的筆記本、名片夾、卡片等創意小物,這些文具配件設計精美可愛,看了心情就覺得很愉悅。

Shopping Point 7:The Birds

整間店的服飾走簡約風,雖然沒有太多繽紛的色彩,但又不失流行風格,顯現出衣服的質感。可以逛逛這間服飾店,仔細體會簡單樸實的時尚魅力。

青春的活力小劇場的魅力 ——
大學路 대학로

大學路是一條藝術文化的街道,這個區域從前是首爾大學文理學院的舊校區,後來陸陸續續有許多劇場遷往此處,為此區注入更多活力。大學路劇場、文藝會館大劇場以及馬羅尼矣公園等景點,都增添大學路豐富的多樣性。大學路也是年輕人聚會的熱門場所,因為餐廳多、酒吧、live house 等選擇多,從白天到夜晚,大學路一樣熱鬧非凡!

推薦景點 1：10X10 STREET SHOP 텐바이텐

10X10 販售創意文具、服飾、電子產品周邊配件等，是一間讓人流連忘返、忘記時間的小商品商店。非常推薦到大學路一定要來逛逛這間商店，真的會讓人發現很多驚奇小物。此外，在這裡有提供退稅的服務，讓人在血拚之餘，還可以精打細算一下。

推薦景點 2：機器人博物館　로봇박물관

在首爾特色的博物館不少，但是來到大學路，可不要錯過這間機器人博物館。這裡豐富的機器人和玩具收藏，會讓機器人迷大呼過癮！讓人彷彿像個孩子般，在機器人的世界裡天馬行空。

推薦景點 3：馬羅尼矣公園　마로니에공원

馬羅尼矣公園以馬羅尼矣樹而得其名，這裡匯集了大學路眾多的活動，特別是在周末時候尤盛，吸引不少人到此來共襄盛舉。街頭藝術家、演唱表演、舞蹈表演，豐富的表演活動讓觀眾看得目不轉睛，也讓馬羅尼矣公園熱鬧非凡。

Data

◎ 交通資訊：地鐵 4 號線《420》惠化站下車

穿梭於琳瑯滿目商品的地下街——
高速巴士客運站 고속터미널 지하상가

　　高速巴士客運站地下商街是很多人喜歡逛街的地點，因為折扣優惠多、價格實惠，也有一定的品質。此外，這裡還有很多韓國的中低價品牌，各大美妝品也可以在這裡一次購齊。在首爾除了去東大門和南大門等購物區之外，高速巴士客運站地下街也是一個不錯的選擇。

Data
◎ 地址：首爾市瑞草區盤浦洞 163-1
　 서울특별시 서초구 반포동 163-1
◎ 交通資訊：地鐵 3、7、9 號線《339》《734》《923》
　 高速巴士客運站
◎ 營業時間：10:00 ～ 21:00
◎ 公休日：每月第三周的周四

來去撿便宜——加山數碼園區 outlet
가산디지털단지 아울렛

　　這裡可說是韓國人常逛的 outlet，大部分品牌都是以韓國本地的牌子為主，區域內共有三間主要的 outlet：Fashion Island、Mario、W world。這裡與其他地方 outlet 的不同之處，在於所有品牌集中在幾棟建築物裡，只要逛一棟就可以看到很多的品牌，省去很多東跑西跑的時間，又可以盡情享受在折扣中血拚的樂趣。

Data
◎ 地址：首爾市衿川區加山洞 60-22 號
　 서울특별시 금천구 가산동 60-22
◎ 交通資訊：地鐵 1、7 號線《P142》《746》加山數位園區站 3、
　 4 號出口

話題十足注目的焦點——
永登浦時代廣場 타임스퀘어

　　永登浦時代廣場是一個綜合觀光、休閒娛樂、購物的大型複合購物中心，集合百貨公司、商場、餐廳、超市、飯店等生活中所需的所有機能，不僅話題性十

足,也具備多功能性。時代廣場於 2009 年完工後,快速躍升為首爾最熱門的購物中心,不僅當地人喜歡造訪,觀光客同樣能在這裡滿足所有的需求。特別值得一提的是整個寬敞的空間設計、新穎且現代感十足的建築物,讓人感覺格外的心曠神怡!

Data

◎ 地址:首爾市永登浦區永登浦洞 4 街 441-10
　서울특별시 영등포구 영등포동 4 가 441-10
◎ 交通資訊:地鐵 1 號線《139》永登浦站 3 號出口
◎ 營業時間:10:30 ～ 20:00

休閒娛樂和逛街購物的好去處—— 三成 COEX MALL　코엑스

　　COEX MALL 是一個大型的娛樂購物中心,總面積廣大,占地超過 3,000 多坪,每天吸引著絡繹不絕的人潮。在 COEX MALL 裡還有各種餐廳、商店、電影院、大型書店、水族館、唱片行、文具店等,周邊亦有飯店、現代百貨和免稅店等,能夠滿足你所有的需求。

Data

◎ 地址:首爾市江南南倉三成洞 159 號
　서울특별시 강남구 삼성동 159
◎ 交通資訊:地鐵 2 號線《219》三成站 5 號出口

E. 半日遊、一日遊推薦

Heyri 文化藝術村　헤이리 문화예술마을

Heyri 文化藝術村是很適合花一天去郊遊踏青的地方。藝術村裡有餐廳、兒童圖書館、遊樂園、藝術家的工作室，以及很多藝術家、設計師們的創作，讓整個藝術村瀰漫濃濃的文化藝術氣息。藝術村裡的建築物秉持著與大自然相輔相成的理念，新穎且具設計感，讓人印象深刻。

除了參觀許多藝術品和建築物外，也可以造訪大人小孩都愛的草莓妹樂園。逛累了、肚子餓了，別忘了到義大利餐廳 Artinus Farmer's table 去滿足味蕾，這裡就是風靡一時的韓劇「花漾男子」中學生餐廳的拍攝場景，除了品嘗美食之外，還可以感受一下韓流的魅力。

Data

◎ 地址：京畿道坡州市炭縣面法興里 1652
　　경기 파주시 탄현면 법흥리 1652
◎ 交通資訊：
　　地鐵 2、6 號線《238》《622》合井站 1、2 號出口搭乘 200、
　　2200 號巴士
　　地鐵 3 號線《310》大化站 5 號出口處搭乘 200 號巴士
◎ 官方網站：www.heyri.net（韓英）

北首爾夢之林　북서울 꿈의숲

　　位於首爾江北地區，是首爾第四大公園。這個廣大的公園不只提供大自然景觀，也有多樣設施和休閒娛樂場所，如兒童用美術館、野生植物園、鹿牧場、戲水區等，而外觀極具特色，位於制高點的展望台也非常值得造訪。這個展望台是韓劇「IRIS」的拍攝場景之一，在其上可以將首爾的北方景色一覽無遺，也可以看到遠方的首爾塔與漢江。周末的時候，常常有全家大小一起到這裡野餐、踏青，建議選一個天氣晴朗的半日，來到這裡親近大自然，偷得半日閒。

Data

◎ 地址：首爾市江北區樊洞 山 28-6 號
　　서울특별시 강북구 번동 산 28-6
◎ 交通資訊：
　　地鐵 4 號線《416》彌阿三岔路口 1 站號出口，轉搭綠色小巴士 9 號、
　　11 號
　　地鐵 6 號線《643》石串站 3 號出口，轉搭藍色公車 147 號
◎ 官方網站：dreamforest.seoul.go.kr

世界文化遺產──水原華城　수원 화성

　　水原華城於 1796 年時建造完成，在 1997 年 12 月時被聯合國教科文組織認定為世界文化遺產。華城共有蒼龍門、華西門、八達門、長安門等四門，在其中可以看到古代朝鮮的歷史遺跡，穿梭在歷史的城堭，更能感受古今連結的氣氛！

Data

◎ 地址：京畿道水原道八達區 華城洞
　경기 수원시 팔달구 화서동
◎ 交通資訊：坐地鐵 1 號線《P154》水原站，到站後
　出口左轉直走會有遊客中心，記得先去拿地圖。遊
　客中心有中文、英文和日文的人員，可以好好善
　用。要到水原華城必須轉搭公車 No.11、13、
　36、39，不會講韓文的人，可以拿往八達門「팔
　달문（남문）까지」的字條給司機確認
◎ 開放時間：夏季 09:00 ～ 18:00；冬季 09:00 ～
　17:00

　　到了水原，千萬不要錯過這裡的代表美食——水原烤排骨，這不是普通的排骨，而是帶有「王」字的「王排骨」。做水原排骨出名的餐廳很多，其中較為知名的是「戀浦排骨（연포갈비）」，在逛了一整天後，大口滿足的吃肉，真的是一大享受阿！

冬季限定——華川山川魚慶典
얼음나라화천 산천어축제

　　韓國各個季節都有不同的慶典，而在冬天，華川山川魚

慶典可説是重要的慶典之一。而要看美麗的雪景，江原道是值得造訪的地方。

華川山川魚慶典於 2003 年開始，每一年都有舉辦，吸引絡繹不絕的人潮造訪。由於慶典內容精采有趣，不只韓國人，也很受外國觀光客的喜愛。慶典期間人們能在結冰的湖面上釣山川魚，也有提供料理的服務，可以馬上品嘗新鮮的好滋味。此外千萬不要錯過雪橇這項活動，真的是可以讓人玩上好幾次都不嫌膩呢！

整個慶典場地廣大，活動、景點也十分多，雖然距離首爾市區需要約 3 小時的車程，但是精采有趣的程度，真是讓人覺得不虛此行！

Data

◎ 地址：華川郡華川邑華川川
  강원 화천군 화천읍
◎ 交通資訊：地鐵 2 號線《214》江邊站，於東首爾綜合客運站轉搭前往華川的巴士，在華川客運站下車，再步行至會場
◎ 活動期間：約每年 1 月初到月底，將近一個月的活動時間

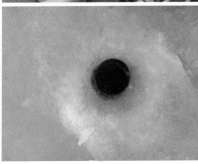

F. 體驗首爾獨特魅力

Let's go clubbing
嗨翻首爾的夜晚

弘大 Club

　　弘大是年輕人夜生活主要的活動地區，特別是每個月最後一個星期五的「Club Day」，總是吸引絡繹不絕的人潮，一起 HIGH 翻周五的夜晚！只需花上 15,000 韓元就可以進出多間 Club，還附贈一杯飲料。下面特別推薦幾家給有興趣的人參考。

M2

　　為弘大夜店最知名的一間，曲風是 HIP HOP，Club 內有絢麗的綠光雷射為一大特色。

- 地址：서울 마포구 서교동 367-11
- 交通資訊：地鐵 2 號線《238》合井站 3 號出口或是弘大入口站 9 號出口
- 電話：02-3143-7573

NB1

　　由韓國知名經紀公司 YG FAMILY 的楊社長所經營的夜店，所以有時候可以看到齊下的藝人出現。強烈的嘻哈曲風，被認為是首爾最好的嘻哈夜店之一。

- 地址：서울 마포구 서교동 362-4
- 交通資訊：地鐵 2 號線《239》弘大入口站 9 號出口
- 電話：02-326-1716

NB2

是 NB1 的姐妹店，曲風也是 HIP HOP 為主，
周五晚上人潮總是絡繹不絕，特別是在 CLUB
DAY 的時候，更是人滿為患。想要感受人群熱
鬧的氣氛，可以到 NB2 來瞧瞧。

- 地址：서울 마포구 서교동 361-14
- 交通資訊：地鐵 2 號線《239》弘大入
  口站 9 號出口
- 電話：02-326-1716

江南 Club

江南地區的夜店消費會較其他地區來的高一
些，出入的年齡層也較弘大夜店來的高一些，約
莫是 22 歲以上的族群。

Club Answer 클럽앤써

江南地區人氣很高的夜店，由於此區為藝人
經紀公司聚集之處，也時常有名人、藝人出沒。
店內曲風偏向電子音樂。

- 地址：서울 강남구 청담동 125-16
- 交通資訊：地鐵 7 號線《729》清潭站
  13 號出口
- 電話：02-514-4311

Club Eden 클럽에덴

位於麗池飯店內，韓劇「燦爛的遺產」有在
此取景拍攝過。在江南地區也屬於知名度很高的
夜店。曲風屬於電子音樂，人氣與 Club answer
不相上下。

- 地址：서울 강남구 역삼동 602 리츠
  칼튼호텔 B1
- 交通資訊：地鐵 9 號線《925》新論峴
  站 4 號出口，步行上山
- 電話：02-6447-0042

Club mass 클럽매스

　　可説是首爾首屈一指的電子音樂夜店，擁有極佳的音響設備，不時有知名 DJ 進駐，讓江南的夜晚熱鬧非凡！

- 地址：서울 서초구 서초동 1306-8 대동빌딩 지하 1
- 交通資訊：地鐵 2 號線《222》江南站 10 號出口
- 電話：02-599-3165

Info 旅人小提醒

　　外國人欲前往 CLUB 時，請記得攜帶護照，以供入場時身分和年齡確認。在 CLUB 都有置物的服務，約花 2,000 韓元左右的託管費。

練歌房唱歌去 노래방

　　韓國的 KTV 叫做練歌房（노래방），幾乎大街小巷都有練歌房，不只是可以盡情高歌的好場所，也是聚會的好去處。練歌房的歌曲基本上都是以韓文歌曲居多，外文歌曲不多，大部分的練歌房是沒有原版 MV 可以觀看的，如果想要看原版的 MV，則要到由 SM 娛樂公司經營的 EVERYSING 才有。

秀練歌房 Show 노래방

　　秀練歌房可説是十分知名，不少韓劇、綜藝節目都有在

此取景過。店內裝潢相當特別，每個房間都布置的很別致且
各有主題。位於弘大的分店，透明的玻璃為一大賣點，不只
唱歌的人可以看到外面的行人，路過的行人也可以看到在裡
面盡情歡唱的人們，十分有趣。

Data

◎ 地址：
　弘大店 서울 마포구 서교동 364-24
　狎鷗亭店 서울 강남구 신사동 659-12
　延新內店 서울 은평구 갈현동 396-9
◎ 交通資訊：
　弘大店 地鐵 2 號線《239》弘大入口站 9 號出口，步行約 10～15 分鐘
　狎鷗亭店 地鐵 3 號線《336》狎鷗亭站 2 號出口，步行約 15～20 分鐘
　延新內店 地鐵 3 號線《321》延新內站 7 號出口，步行約 5 分鐘
◎ 電話：
　弘大店 02-336-2332
　狎鷗亭店 02-518-9334
　延新內店 02-351-4210

EVERYSING 에브리싱

　　如果喜歡 SM 娛樂公司齊
下藝人，EVERYSING 練歌房可
不能錯過！除了有眾多 SM 明
星們的歌曲之外，還有官方的
原版 MV 可以伴唱。店內總是
充滿了來自世界各地的歌迷們
熱情演唱，充分感受到韓流明
星的魅力！

Data

◎ 地址：
　狎鷗亭店 서울 강남구 신사동 659-9 혜성빌딩
　明洞店 서울 중구 충무로 1 가 24-23
◎ 交通資訊：
　地鐵 3 號線《336》狎鷗亭站 3 號出口，步行約 15 分鐘
　地鐵 4 號線《424》明洞站 6 號出口，步行約 5 分鐘
◎ 電話：
　狎鷗亭店 02-6404-9850
　明洞店 02-778-9850

戶外溜冰好趣味

　　冬天的首爾雖然讓人感到寒冷，但是戶外的溜冰場卻增
添了不少趣味性。在戶外溜冰，一邊享受飛馳的樂趣，還可
以同時感受到濃厚的冬天氣息。

首爾廣場溜冰場

　　位於首爾市中心，上午 10 點開放溜冰，每開放 1 小時會有 30 分鐘的整冰時間。欲溜冰者先前往售票處買票，再持著票券到旁邊的溜冰鞋出借處試鞋，且必須戴手套（可戴個人手套或現場購買），穿妥後即可下場溜冰了。首爾溜冰廣場交通方便、價格便宜、鄰近景點多，可說是去首爾戶外溜冰的首選之處。

Data

◎ 營運期間：每年開放時間不同，約莫是每年 12 月中到隔年 2 月中左右
　開放時間：周日～周四 10:00 ～ 22:00；周五、六及公休日 10:00 ～ 23:00
◎ 費用：每小時 1,000 韓元（包含入場費、溜冰鞋、安全帽租借費）
◎ 交通資訊：
　地鐵 2 號線《201》市廳站 6 號出口
　地鐵 1 號線《131》鐘閣站 5、6 號出口
　地鐵 2 號線《202》乙支路入口站 1、8 號出口
　地鐵 5 號線《533》光化門站 5、6 號出口

Part 4

美味首爾

Gourmet Seoul

韓國料理

百濟蔘雞湯　백제삼계탕

　　營業超過 40 年，專賣蔘雞湯的專門店，由於位於觀光客聚集的明洞地區，不只是韓國人光顧，外國觀光客也不少，尤其是日本觀光客占大多數。店內菜單有中文、日文、英文，可以放心的點餐。

Data

◎ 地址：서울 중구 명동 2 가 50-11 2 층
◎ 營業時間：09:00 ～ 22:00
◎ 公休日：全年無休
◎ 交通資訊：地鐵 4 號線《424》明洞站 6 號出口出來左轉直行，左手邊第四條路口左轉後直行，餐廳在右手邊即可看到

土俗村蔘雞湯　토속촌

　　位於景福宮附近的土俗村，可説是首爾知名蔘雞湯專賣店，廣受各國觀光客喜愛。若在用餐時間前往，可以看到絡繹不絕的排隊人潮，不過餐廳座位眾多，等待約 10 ～ 20 分鐘就能入內用餐。店內的招牌蔘雞湯、烏骨雞蔘雞湯、烤雞、海鮮煎餅等都值得嘗嘗，特別是桌上供應的泡菜，搭配蔘雞湯特別好吃對味！

Data

◎ 地址：서울 종로구 체부동 85-1
◎ 營業時間：10:00 ～ 22:00
◎ 公休日：全年無休
◎ 交通資訊：地鐵 3 號線《327》景福宮站 2 號出口直行，到第三條路口左轉後再右轉

神仙雪濃湯　신선설농탕

　　這是一間經營超過 27 年的知名連鎖店，分店眾多、24 小時全年無休的開放，滿足大眾的味蕾！供應多樣化的雪濃湯，濃厚的湯頭、多樣的配料，讓各年齡層的顧客都喜愛。

Data

◎ 地址：明洞店 서울 중구 명동 2 가 2-2
◎ 營業時間：24 小時
◎ 公休日：全年無休
◎ 交通資訊：地鐵 4 號線《424》明洞站 8 號出口出來第一條路口左轉直行，看到明洞街後右轉，店就在右手邊，明洞聖堂附近

陳玉華奶奶元祖一隻雞
진옥화할매 원조닭한마리

　　這是首爾十分知名的一隻雞專賣店，也廣為各國觀光客熟知。一隻雞選用嫩雞熬煮，看似清淡卻濃厚的湯頭，可以嘗到肉質鮮美，最後再加入有咬勁的麵條，可以真正享受到一隻雞的美味。

Data

◎ 地址：서울 종로구 종로 5 가 265-22
◎ 營業時間：10:00 ～ 22:30
◎ 公休日：全年無休
◎ 交通資訊：地鐵 1 號線《129》鍾路 5 街 6 號出口，直走看到第一條路口左轉直行

全州中央會館　전주중앙회관

　　位於熱鬧的明洞區域，這裡提供道地的石鍋拌飯、海鮮煎餅、綠豆煎餅、全州牛骨湯等多樣韓國特色料理。來到全州中央會館，一定要點鋪滿各式蔬菜的石鍋拌飯，熱熱的石鍋讓飯變成了鍋巴，趁熱吃下，鍋巴的香味和食物的美味滿滿在嘴中。

Data

◎ 地址：서울 중구 충무로 1 가 24-11
◎ 營業時間：08:30 ～ 22:30
◎ 公休日：全年無休
◎ 交通資訊：地鐵 4 號線《424》明洞站 5 號出口，位於 SPAO 和 Smoothie king 中間的小店

新村春川辣炒雞排　춘천집닭갈비막국수

　　想吃道地的春川辣炒雞排，不用大老遠跑到南春川，在首爾市區熱鬧的新村地區，就可以吃到道地的春川辣炒雞

排。豐富的配料跟鮮紅的辣醬一起在大鐵盤中拌炒，最後再
加上香濃的起士，每一口都可以吃到不同的滋味，有辣醬的
辣味、鮮嫩的雞肉、香甜的番薯，和有咬勁的年糕及麵條，
最後再加入飯一起拌炒，做個完美的 ending。

Data
◎ 地址：서울 서대문구 창천동 57-8 번지
◎ 營業時間：24 小時
◎ 公休日：全年無休
◎ 交通資訊：地鐵 2 號線《240》新村站 3 號出口，沿主街直行至美妝店
Nature Republic 後左轉過馬路，再走一小段路，店即位於右手邊

四月麥飯　사월에 보리밥

　　講求健康的菜色十分受到女性歡迎，餐點好吃又沒負
擔。特色餐點是麥飯加上多種涼拌菜的拌飯、馬鈴薯煎餅、
橡樹果實涼粉、大醬湯等。店內座位很多，可以在寬敞舒適
的空間享受健康美食。

Data
◎ 地址：서울특별시 강남구 신사동 610-5 구정빌딩 B1F
◎ 營業時間：11:30 ～ 22:00
◎ 公休日：過年期間、中秋節
◎ 交通資訊：首爾地鐵 3 號線《336》狎鷗亭站 2 號出口，直行約 100 公尺
的左手邊

0410 海鮮年糕鍋
해물떡찜 0410

　　想品嘗香辣夠味的
海鮮年糕鍋，可以造訪
這間 0410 海鮮年糕鍋
專賣店，它在首爾許多
主要區域都有分店，狎

鷗亭、江南 CGV、東大門、新村、大學路、鍾路等。想要吃到滿滿的海鮮，還有 Q 彈的年糕，這間海鮮年糕專賣店可不能錯過。

Data

◎ 地址：大學路店 서울 종로구 명륜 4 가 53
◎ 營業時間：11:30 ～ 22:30
◎ 交通資訊：地鐵 4 號線《420》惠化站 4 號出口，左轉直走，餐廳位於左側，The coffee Ban 旁

Mimine 湯水年糕　미미네

這間 Mimine 湯水年糕，就是屬於可以喝湯的年糕，位於弘大附近。在接近用餐時間，店外總有絡繹不絕的排隊人潮，將小小且有特色的店面坐滿。這間餐廳的老闆娘很美，餐點特色在年糕屬於六角型，口味偏甜。炸物必點炸蝦和海苔卷，炸物屑可以放入湯裡，也是另一番滋味。

Data

◎ 地址：서울 마포구 서교동 372-6
◎ 營業時間：12:00 ～ 21:30
◎ 交通資訊：地鐵 2 號線《239》弘大站 5 號出口或是《238》合井站 3 號出口直行，在 bobo 飯店附近

Red holic 年糕鍋　레드홀릭

位於弘大停車場附近巷子內的 RED HOLIC 年糕店，廣受年輕人的喜愛，店內的裝潢簡單新穎，食物清爽美味，價格實惠。年糕鍋也可以依照個人喜好添加配料，如海鮮、炸物、起士等，滿滿一鍋香氣迷人的年糕鍋，讓人食指大動。

Data

◎ 地址：서울 마포구 서교동 355-25
◎ 營業時間：12:00 ～ 22:00
◎ 公休日：周一
◎ 交通資訊：地鐵 2 號線《239》弘大入口站 9 號出口直行，遇到弘益路後左轉，靠右手邊走，碰到第一條路口右轉直行，再碰到左手邊第一條巷子左轉之後再右轉

麻浦大象辣年糕　마포 코끼리 떡볶이

這間店裝潢很樸實，就像一般小吃店餐廳一樣，主打菜色就是年糕鍋，可以依照自己喜好添加配料，如白煮蛋、炸物、泡麵等都是熱門的配料。裝潢雖然不起眼，但是餐點美味，頗具口碑，時常在用餐時間出現排隊人潮。

Data

◎ 地址：서울특별시 마포구 도화 2 동 345-4
◎ 交通資訊：地鐵 5 號線《528》麻浦站 3 號出口

獎忠洞元祖奶奶豬腳店
원조 1 호 장충동 할머니집

　　寬敞的用餐空間，透明櫥窗裡的豬腳無時無刻在吸引嘴饞的顧客們。這裡的豬腳不油膩，一口咬下，可以嘗到濃郁醬汁的味道、肉質鮮美。喝下一口豆芽湯搭配豬腳，清爽又美味。除了豬腳之外，餃子湯和冷麵也是店內的熱門菜色。

Data
◎ 地址：서울 중구 장충동 1 가 62-18
◎ 營業時間：09:30 ～ 23:30
◎ 公休日：春節、中秋
◎ 交通資訊：首爾地鐵 3 號線《332》東大入口站 3 號出口，沿著大路直行約五分鐘即可看見右側的招牌 Smoothie king 中間的小店

元祖奶奶本家　원할머니본가

　　元祖奶奶本家提供健康又美味的餐點，生菜包肉為店內招牌，另外有多種套餐可以搭配選擇。

Data
◎ 地址：서울 중구 황학동 84
◎ 營業時間：10:30 ～ 23:00
◎ 公休日：例假日
◎ 交通資訊：地鐵 2 號線《206》新堂站 2 號出口

青花魚餐廳　어랑생선구이

　　這間連鎖店餐廳以辣魚子湯和烤青花魚聞名，由於位於MBC 電視台附近，時常有藝人造訪，除了餐點好吃之外，多了明星的加持，讓此店更有名氣。魚子湯裡不只有滿滿的魚子，還有多種蔬菜，配上香辣的湯頭，一口喝下盡是滿足。

Data

◎ 地址：경기 고양시 일산동구 장항동 859 번지
◎ 營業時間：24 小時
◎ 公休日：全年無休
◎ 交通資訊：地鐵 3 號線《312》鼎砵山站 1 號出口直行，看到第一條路口右轉，直行到第二條路口左轉，餐廳在右手邊

國代年糕　국대떡볶이

　　知名的辣炒年糕連鎖店，其弘大分店在韓劇「瑪莉外宿中」常出現，更增添這間辣炒年糕店的知名度。除了辣炒年糕之外，黑輪、各式炸物、烏龍麵、血腸等韓國小吃這裡應有盡有。由於連鎖店分布在首爾各區域，時常可以看到這間店的蹤影，逛街逛累了，吃點小吃填飽肚子，或是當一餐正餐，滿足飢腸轆轆的胃。

Data

◎ 地址：弘大分店 서울 마포구 서교동 486
◎ 營業時間：12:00 ～ 23:00
◎ 公休日：全年無休
◎ 交通資訊：地鐵 2 號線《239》弘大入口站9 號出口直行，看到弘益路之後左轉直行

JAWS 大白鯊辣炒年糕　죠스떡볶이

　　大白鯊辣炒年糕分店散布首爾各區，尤其在弘大的分店常常出現排隊人潮。香辣夠勁的辣炒年糕，吸引嗜辣的顧客上門，各式各樣的炸物搭配辣炒年糕，真是很棒的搭配。血腸、黑輪等小吃也有供應，提供多樣化的選擇。

Data

◎ 地址：서울 마포구 서교동 366-12
◎ 營業時間：11:00 ～ 23:30
◎ 公休日：全年無休
◎ 交通資訊：地鐵 2 號線《239》弘大入口站 9 號出口，弘大停車場旁

韓屋家泡菜鍋　한옥집

　　眾多電視節目都有報導的韓屋家，豬肉泡菜鍋為其歷久不衰的熱門菜色。泡菜豬肉湯再搭配海苔包著，一口咬下配上一口湯，就是吸引顧客絡繹不絕上門的原因。

Data

◎ 地址：서울 서대문구 냉천동 178
◎ 營業時間：10:00 ～ 22:00
◎ 公休日：國定假日
◎ 交通資訊：地鐵 5 號線《532》西大門站 2 號出口直行，第三條路口左轉

泡菜豬肉鍋　은주정

美味多汁的三層肉烤肉、香味四溢的泡菜豬肉鍋，鍋裡的豬肉是切成小塊的豬肉丁，入口容易，搭配著泡菜，讓人食指大動。

Data

◎ 地址：서울 중구 주교동 43-23
◎ 營業時間：11:30 ～ 22:00
◎ 公休日：周日
◎ 交通資訊：地鐵 5 號線《535》乙支路 4 街 4 號出口，直走看到第一條路口右轉直行

Zaha 手工餃子　자하손만두

一進店裡看到整面的茶具餐具，可以感受到店內精巧的布置氛圍。特別推薦這裡的手工餃子，餃子火鍋是人氣菜色，鍋裡面除了餃子之外還有豐富的配料，完全手工製作，不添加任何人工調味料，這就是 Zaha 手工餃子最迷人的地方。

Data

◎ 地址：서울 종로구 부암동 245-2
◎ 營業時間：11:00 ～ 21:30
◎ 公休日：中秋 2 日、農曆新年 3 日
◎ 交通資訊：地鐵 3 號線《327》景福宮站 3 號出口出來後，轉搭乘公車 7022、7018、0212、1020 號，在付岩洞洞事務所前下車

北村手工餃子　북촌손만두

　　這是一間餃子專賣連鎖店,有炸餃子、泡菜餃子、蝦餃、蒸餃、餃子湯等餃子料理。這裡的餃子不管是當作點心或是正餐都適合,如果吃不夠,還可以買回家帶著走。

Data

◎ 地址：安國站分店　서울 종로구 재동 45-8 번지
◎ 營業時間：11:00 ～ 22:30
◎ 交通資訊：地鐵 3 號線《327》景福宮站 2 號出口,一直直走遇
　到第一條大路口右轉直行

庭院豆腐鍋　정원순두부

　　開業超過 40 年的豆腐鍋老店,牛肉豆腐鍋、海鮮豆腐鍋、牡蠣豆腐鍋等都值得一嘗,除了品嘗豆腐鍋的美味之外,也可以加入白飯攪拌,美味更加分!

Data

◎ 地址：서울 중구 서소문동 120-12
◎ 營業時間：10:00 ～ 22:00
◎ 公休日：周日、農曆新年、中秋
◎ 交通資訊：地鐵 2 號線《201》市政廳站 9 號出口,直走看到第一條路口
　右轉

里門雪濃湯　이문설렁탕

　　里門雪濃湯已有近百年的歷史,除了建築保留日據時代的樣貌之外,百年歷久不衰的經典美味仍吸引眾多老饕前

往。雪濃湯、牛蹄筋湯、水煮牛肉等，搭配泡菜，讓人一口接一口，盡情享用這百年的好滋味！

Data

◎ 地址：서울 종로구 공평동 46
◎ 營業時間：10:30 ～ 22:00
◎ 公休日：全年無休
◎ 交通資訊：地鐵 1 號線《131》鐘閣站 3 號出口，從 Pizza Hot 旁的巷子左轉進入

田舍之食卓鄉村餐桌　시골밥상

一走進餐廳內，就是濃厚的農村氣氛。在田舍之食卓，用餐是以人計算，每份套餐包含白飯還有湯，總共有 33 道菜，1 人份會有 11 道菜，2 人份有 22 道，以此類推。看到滿桌的小菜和菜餚，真的會讓人大為驚豔，可以吃到各式各樣不同的韓國鄉土料理。

Data

◎ 地址：서울시 용산구 한남동 738-16
◎ 營業時間：24 小時
◎ 公休日：全年無休
◎ 交通資訊：地鐵 6 號線《630》黎泰院站 2 號出口，直行走約 10 分鐘，於第四條巷子左轉即可看到

三清洞麵疙瘩　삼청동 수제비

位於三清洞熱鬧的路上，只要到用餐時間，三清洞麵疙瘩總是吸引絡繹不絕的顧客上門。這裡的麵疙瘩用精緻小魚做為高湯，放入麵疙瘩和各種食材，不單單是麵疙瘩美味，也可以吃到鮮味。除了麵疙瘩以外，也可以再搭配馬鈴薯煎餅、蔥煎餅或綠豆煎餅，既美味也很滿足。

Data

◎ 地址：서울 종로구 삼청동 102
◎ 營業時間：11:00 ～ 21:00
◎ 公休日：春節、中秋
◎ 交通資訊：地鐵 3 號線《328》安國站 1 號出口往景福宮三清洞方向

素膳齋　소선재

這間餐廳乍聽之下很像是專賣素食的餐廳，其實是一間賣韓國鄉土料理套餐的餐廳。店內的陳設有韓國傳統風格，整個套餐吃下來，前菜、湯品、肉類、小菜、水果、甜點等，也是十分豐盛的一餐。價位中等，由於有不少外國顧客，餐廳備有外文菜單。如果要把餐點做成素食的朋友，可以詢問，餐廳會為你搭配。

Data

◎ 地址：서울시 종로구 삼청동 113-3
◎ 營業時間：11:30 ～ 21:30
◎ 公休日：周一、重要節日
◎ 交通資訊：地鐵 3 號線《328》安國站 1 號出口，往三清洞路方向

韓國烤肉

新村食堂　새마을식당

　　新村食堂是一間烤肉連鎖餐廳，在明洞、惠化、三成、弘大、論峴洞等地都有分店。雖然裝潢不是很華麗，但由於烤肉頗受好評，是不少人晚餐聚會或是夜晚小酌的好去處。店內的菜色很多樣化，鹽烤肉、辣醬烤肉、泡菜鍋、烤豬皮、冷麵等，大口吃下包在生菜內的烤肉，再搭配一口韓國 soju 或是啤酒，真的是好對味！

Data

◎ 地址：
　弘大店　서울 마포구 서교동 331-18 1 층
　新川店　서울 송파구 잠실본동 191-7
　論峴洞　서울 강남구 논현동 164-12
◎ 營業時間：24 小時
◎ 公休日：重要節日
◎ 交通資訊：
　弘大店　地鐵 2 號線《239》弘大入口站 8 號出口
　新川店　地鐵 2 號線《217》新川站 4 號出口
　論峴洞　地鐵 7 號線《732》論峴站 2 號出口，往江南站方向約步行 7 分鐘，第一銀行巷弄進去後左側

兄弟烤肉
불고기브라더스

　　兄弟烤肉屬於高級家庭連鎖餐廳，除有精緻的烤肉料理可以選擇之外，無限供應的小菜，味道也是十分出色。店內陳設乾淨整齊，少了一般烤肉店油煙瀰漫的味道，更多了舒適的用餐空間。

Data

◎ 地址：首爾車站店　서울시 용산구 동자동 43-205 서울역 3 층 217 호
◎ 營業時間：07:00 ～ 22:00
◎ 公休日：全年無休
◎ 交通資訊：地鐵 1 號線《133》首爾車站 3 樓

西來豬橫膈膜肉烤肉店　서래 갈매기살

這間烤肉店是一間連鎖店,在高麗大學、慶熙大學附近可以看到。與其他烤肉店不同,這間店的特色烤肉在於用橫膈膜肉,吃起來不油膩且軟嫩,搭配店家特製的醬汁,美味大加分。這間店在用餐時刻也常常座無虛席,有時還需排隊等候一下。許多人因為這個橫膈膜烤肉的美味,就算需要等候,也甘願值得!

Data
◎ 地址:回基站店　서울 동대문구 휘경동 191-5
◎ 營業時間:13:00～03:30
◎ 公休日:農曆年、中秋節
◎ 交通資訊:地鐵1號線《123》回基站1號出口

新村咚咚烤肉　통통돼지

在熱鬧的新村附近,烤肉店競爭很激烈,這間餐廳之所以會廣受好評,特色就在於厚又大塊的肉片。不管是吃原味或是搭配多種沾醬,用生菜包著肉和蔬菜,加上蒜頭、辣椒,大口咬下,不只是滿滿的肉汁,還有多種滋味充滿嘴裡。覺得只吃烤肉不過癮?別忘了再點一鍋泡菜鍋,為一餐的美味畫下美好的句點。

Data
◎ 地址:弘大店　서울 마포구 서교동 346-46
◎ 營業時間:16:00～02:00
◎ 交通資訊:地鐵2號線《239》弘大入口站9號出口

炸雞

克里斯多炸雞　크리스터치킨

　　廣受年輕族群喜愛的炸雞店，除了一般原味的炸雞，還有辣醬炸雞、咖哩炸雞等多種創意口味炸雞。多汁的炸雞配上啤酒，真的是絕妙的搭配。

Data

◎ 地址：서울 서대문구 창천동 53-19
◎ 營業時間：15:00 ～ 03:00
◎ 交通資訊：地鐵 2 號線《240》新村站 1 號出口

橋村炸雞　교촌치킨

　　這間連鎖炸雞之前的股東兼代言人是韓國的人氣團體「神話」，後來又有 super junior 代言，

　　不只是炸雞好吃，明星加持亦很有魅力。除了一般的炸雞、甜辣炸雞、烤雞等，這間的特色炸雞就是糯米炸雞，建議一定要點個一盤來品嘗。

Data

◎ 地址：汝矣島店 서울 영등포구 여의도동 45-15
◎ 營業時間：12:00 ～ 24:00
◎ 公休日：全年無休
◎ 交通資訊：地鐵 5 號線《526》汝矣島站 5 號出口

TWO TWO 炸雞
둘둘치킨

　　在首爾許多地方都有這間連鎖炸雞店的蹤影，店面的櫥窗一直展示著香味四溢的炸雞，誘惑每一個路過的行人，不管是裹醬炸雞、蒜味炸雞、蔥炸雞還有烤雞，當消夜或正餐都十分適合。

Data

◎ 地址：明洞店 서울 중구 남
　산동 2 가 6-4
◎ 營業時間：12:00 ～ 02:00
◎ 公休日：全年無休
◎ 交通資訊：地鐵 4 號線《424》
　明洞站 3、4 號出口

Frypan 炸雞　더후라이팬

　　在明亮的用餐空間盡情享用美味的炸雞，滿滿的洋芋片上鋪滿著酥脆多汁的去骨炸雞，搭配上沙拉和啤酒，清爽不油膩，還有兩種醬料可以搭配，增添口味的變化性。

Data

◎ 地址：
　弘大店 서울 마포구 상수동 93-1 1 층
　惠化店 서울 종로구 명륜 1 가 21-12 1 층
◎ 營業時間：17:00 ～ 02:00
◎ 交通資訊：
　弘大店 地鐵 6 號線《623》上水站 2 號出口
　惠化店 地鐵 4 號線《420》惠化站 4 號出口

咖啡廳、甜點

BEANSBINS COFFEE 빈스빈스

　　知名的咖啡連鎖店，在首爾街頭眾多的咖啡廳中，BEANSBINS 除了提供香濃的咖啡，還有美味的冰淇淋鬆餅。這裡的鬆餅不只看起來美味，吃進嘴裡也是滿滿的幸福，尤其是期間限定的草莓鬆餅，上頭滿滿是草莓，讓人忍不住食指大動。

Data

◎ 地址：
　三清洞店 서울 종로구 삼청동 62-26
　路樹街店 서울 강남구 신사동 534-20 태명빌딩 2 층
　明洞店 서울 중구 충무로 1 가 23-1 사보이호텔 2 층
◎ 營業時間：11:00 ～ 23:00
◎ 公休日：春節、中秋節休息
◎ 交通資訊：
　三清洞店 地鐵 3 號線《328》安國站 2 號出口，往三清洞路方向
　路樹街店 地鐵 3 號線《337》新沙站 8 號出口，往路樹街方向
　明洞店 地鐵 4 號線《424》明洞站站 6 號出口

Waffle it up 鬆餅店 와플잇업

　　位於梨大站附近，隱身於巷弄中的一間比利時鬆餅專賣店。這間店裝潢布置的很有歐洲鄉村風格，美味的比利時鬆餅是一大賣點，除了可以挑選自己喜歡的冰淇淋口味做搭配，還可以配上鮮奶油和新鮮水果，灑上糖霜或是糖漿，馬上成為讓人感到幸福的美妙滋味！

Data

◎ 地址：서울 서대문구 대현동 37-35
◎ 營業時間：10:30 ～ 24:00
◎ 公休日：全年無休
◎ 交通資訊：地鐵 2 號線《241》梨大站 2 號出口

Passion 5 甜點店　패션 5

　　位於黎泰院附近的 Passion 5，是韓國 SPC 食品集團所經營的甜點複合式咖啡店。店內除了販售麵包、餅乾、蛋糕類，還有多種口味精緻、外表也十分具有藝術裝飾性的甜點。

來到 Passion 5 可以盡情沉浸在美妙的甜點世界中。

Data

◎ 地址：서울 용산구 한남 2 동 729-74 1 층
◎ 營業時間：07:30 ～ 22:00
◎ 公休日：全年無休
◎ 交通資訊：地鐵 6 號線《631》漢江鎮站 3 號出口

想像空間咖啡廳
상상마당

　　位於弘大畢卡索街上，高聳的建築物格外引人注意。建築物由地上 7 層，地下 4 層構成，是一個複合文化藝術創作空間。在這裡可以喝咖啡、參觀藝廊、看電影等多項文化娛樂活動。

Data

◎ 地址：서울 마포구 서교동 367-5
◎ 營業時間：周二～四、周日為 12:00 ～ 24:00；周五、六為 12:00 ～ 01:00
◎ 公休日：周一
◎ 交通資訊：地鐵 2 號線《239》弘大入口站 9 號出口

Deux crèmes　듀크렘

位於新沙洞專賣派的店。店內裝潢乾淨明亮，擺設時尚高雅，玻璃櫃裡有著繽紛的派，栗子派、鋪滿藍莓或是香蕉的水果派、巧克力派等，種類多樣讓人不知從何選擇。來到這裡，點幾塊自己喜歡的口味，搭配著香濃的咖啡，度過一個美好的下午茶時間。

Data

◎ 地址：서울 강남구 신사동 533-11
◎ 營業時間：11:00 ～ 24:00
◎ 公休日：農曆新年，中秋節
◎ 交通資訊：地鐵 3 號線《337》新沙站 8 號出口，往路樹街方向

Café Oui　카페위

店門口的一大片草皮很引人注目，一走進餐廳內，布置十分有巧思，有家溫馨的感覺。木桌椅、舒服的沙發、挑高的空間，以及親切的服務生。這裡不只提供咖啡甜點，也可以點個義大利麵或是燉飯等西式餐點。在這裡的時間，似乎讓人忘了

外面的紛紛擾擾，沉浸在 Café Oui 營造出的美好時光裡。

Data

◎ 地址：서울 강남구 신사동 523-19
◎ 營業時間：11:00 ～ 23:00
◎ 公休日：全年無休
◎ 交通資訊：地鐵 3 號線《337》新沙站 8 號出口，往路樹街方向

月咖啡　달 Cafe

　　位於三清洞的月咖啡，也感染了三清洞的文化氣質。店內設計、擺設十分特別，加上店內外是傳統的韓屋設計，在現代和傳統的融合之下，取得一個美好的和諧。香濃的咖啡配上水果鬆餅，鬆餅上淋上糖漿或是白色糖霜，每一口都是香甜的好滋味。

Data

◎ 地址：서울특별시 종로구 삼청로 94-1
◎ 營業時間：13:00 ～ 23:00
◎ 公休日：全年無休
◎ 交通資訊：地鐵 3 號線《328》安國站 1 號出口，三清洞總理官邸對面

Cafe7gram　카페 7 그램

　　連鎖咖啡廳。咖啡廳內的牆壁上有可愛的插畫跟塗鴉，裝潢擺設與其他咖啡廳比起來多了可愛的趣味性。繽紛又好吃的鬆餅為一大特色，上頭有滿滿的草莓或是香蕉，依照不同季節推出口味多變的鬆餅。

Data

◎ 地址：서울 중구 장충동 2 가 187-22
◎ 公休日：全年無休
◎ 營業時間： 11:00 ～ 23:00
◎ 交通資訊：地鐵 3 號線《332》東大入口站 2 號出口，位於元祖獎忠洞
　奶奶店的對街

O'sulloc Tea House 오설록티하우스

　　來自韓國濟州島的綠茶品牌，除了販售茶點之外，也有
販售綠茶茶葉以及茶藝用品。在 Tea House 裡，可以享用
到綠茶調配出的各式飲品，有果汁、冰淇淋、冰沙等，當然
也少不了融入香濃綠茶做成的甜點。在明洞、大學路及仁寺
洞設有分店。

Data

◎ 地址：서울 중구 명동 2 가 33-1
◎ 營業時間：09:00 ～ 22:30（周五、周六營業至 23:00 止）
◎ 公休日：農曆新年、端午、中秋節等重要節慶
◎ 交通資訊：地鐵 4 號線《424》明洞站 6 號出口

Artisée café 아티제

　　Artisée 是由新羅飯店直營的咖啡廳，不論是餐點，或是店內擺設裝潢，都有一定的水準和格調。甜點的口味很細緻，種類也很多樣，除了蛋糕甜點之外，還有麵包、馬卡龍、餅乾和果醬等。

Data

◎ 地址：島山大路店　도산대로점：서울 강남구 신사동 651-23 호림아트 센터 1 층
◎ 營業時間：10:00 ～ 23:00
◎ 公休日：全年無休
◎ 交通資訊：地鐵 7 號線《731》鶴洞站 10 號出口，往島山公園方向

Paris baguette 파리바게뜨

Paris baguette 為韓國知名連鎖麵包店，在首爾街頭幾乎大街小巷都可以看到這間麵包店的蹤影。店內除了種類多樣讓人目不暇給的麵包之外，甜點和蛋糕也值得一嘗。

Data

◎ 地址：大學路站　서울 종로구 동숭동 1-31
◎ 營業時間：09:00 ～ 22:00
◎ 公休日：全年無休
◎ 交通資訊：地鐵 4 號線《420》惠化站 1 號出口往回走

DOUGHNUT PLANT New York City
도넛플랜트뉴욕시티

　　來自紐約的甜甜圈店，主打選用有機食材，強調健康的概念，於 2007 年進軍韓國。店內時髦的裝潢風格，結合了咖啡廳和甜甜圈店的美式氣氛。甜甜圈種類多樣，不定期也會推出季節限定的商品。

Data
◎ 地址：龍山 IPARK 店　용산아이파크몰：서울 용산구 한강로 3 가 40-999 아이파크몰 6 층
◎ 營業時間：10:00 ～ 23:00
◎ 公休日：全年無休
◎ 交通資訊：地鐵 1 號線《135》龍山站 3、4 號出口，往 IPARK MALL 方向

Krispy Kreme Doughnuts
크리스피크림도넛

　　Krispy Kreme 是美國大型的甜甜圈連鎖店，在韓國也有多家分店。首爾街頭常可以看到許多甜甜圈店，但是提袋率最高的甜甜圈店就屬 Krispy Kreme。除了經典不敗的原味甜甜圈，Krispy Kreme 還有超過十二款的蛋糕甜甜圈，並不定期推出季節限定的甜甜圈，都讓人食指大動。來一杯香濃咖啡或奶類飲品，配搭甜甜圈，這樣香甜的好滋味實在不容錯過。

Data

◎ 地址：
　新村店 서울 서대문구 창천동 18-5 신촌빌딩 1 층
　大學路店 서울 종로구 동숭동 1-28 흥사단회관 1 층
◎ 營業時間：10:00 ～ 24:00
◎ 公休日：全年無休
◎ 交通資訊：
　新村店 地鐵 2 號線《240》新村站 3 號出口
　大學路店 地鐵 4 號線《420》惠化站 1 號、2 號出口往回走

Tom N Toms 탐앤탐스

　　Tom N Toms 店名的意思是指兩個朋友之間舒服的關係，店內明亮的照明、木製的桌椅營造出溫馨的氣氛。除了新鮮的咖啡，還有各式甜點麵包。特別推薦這裡的綠茶冰沙，不管在春夏秋冬來一杯，一樣都是美妙的好滋味！

Data

◎ 地址：
　路樹街店 서울 강남구 신사동 535-14
　明洞店 서울 중구 충무로1 가 24-31 1 층
◎ 營業時間：07:00 ～ 24:00
◎ 交通資訊：
　路樹街店 地鐵 3 號線《337》新沙站 8 號出口，往路樹街方向
　明洞店 地鐵 4 號線《424》明洞站 5 號出口

Smoothie King 스무디킹

　　Smoothie King 為發源於美國的知名飲料連鎖店，主打健康新鮮的果汁，全球共有五百多間分店，在韓國就有 20 幾間。不只是以健康為取向，強調低卡路里的飲品也深受女性的歡迎。

Data

◎ 地址：明洞店 명동스타점：서울 중구 충무로1 가 24-11
◎ 營業時間：10:00 ～ 23:00
◎ 交通資訊：地鐵 4 號線《424》明洞站 5 號出口

異國料理

大學路 MARU 拉麵　대학로의 라멘마루

　　這間位於大學路的拉麵店十分受到年輕人喜愛，除了招牌的辣味紅味噌拉麵之外，還有多種精心製作的特色拉麵，如椰子拉麵、黑拉麵、拉麵沾麵、拉麵漢堡還有拉麵鬆餅，絕對讓你對拉麵有更多的新體驗。

Data

◎ 地址：서울 종로구 명륜 4 가 166-1
◎ 營業時間：11:00 ～ 23:00（最後點餐時間為 22:00）
◎ 公休日：全年無休
◎ 交通資訊：地鐵 4 號線《420》惠化站 4 號出口

精誠本韓式涮涮鍋　정성본

　　這裡提供精緻的火鍋料，人氣的招牌料理是里脊肉火鍋及海鮮火鍋。來到這裡一次可以享受火鍋、壽喜燒、刀削麵及粥等各種美味，同時價格也很實惠。

Data

◎ 地址：
　　明洞店　서울 중구 명동 2 가 2-16
　　大學路店　서울 종로구 명륜 2 가 34
◎ 營業時間：10:00 ～ 22:30
◎ 公休日：全年無休
◎ 交通資訊：
◎ 明洞店　地鐵 4 號線《424》明洞站 6 號出口
　　大學路店　地鐵 4 號線《420》惠化站 4 號出口

菜鮮堂韓式涮涮鍋
채선당

　　菜鮮堂的店名由來就是蔬菜新鮮之家的意思，是一間連鎖韓國火鍋店，有韓式火鍋、鴛鴦鍋以及綜合火鍋。不敢吃辣的朋友，可以點清爽的湯頭，放入各種蔬菜及肉類，最後再加入白飯煮成一鍋粥，粥充分吸收高湯精華，更添美味。

Data

◎ 地址：明洞店　서울 중구 명동 1 가 59-25
◎ 營業時間：11:00 ～ 23:00
◎ 交通資訊：地鐵 2 號線《202》乙支路入口站 6 號出口

Oriental Spoon 東方湯匙　오리엔탈스푼

　　為一間東西料理的連鎖餐廳，裝潢布置十分新穎美觀。這將東西方的菜色融合，不只可以吃到東方的料理，也可以品嘗好吃的西方料理，滿足兩種料理都想吃的味蕾。

Data

◎ 地址：江南店　서울 강남구 역삼동 812-15 1 층
◎ 營業時間：11:30 ～ 23:00
◎ 交通資訊：地鐵 2 號線《222》江南站 11 號出口

NAMU 義式餐廳　나무

位於大學路的這間義式餐廳有著寬敞舒適的空間,提供美味的義式佳餚,如奶油燉飯、海鮮茄汁義大利麵、香煎牛排等,都是值得品嘗的菜色。

Data

◎地址:서울시 종로구 동숭동 25-1
◎營業時間:11:00 ～ 23:00
◎公休日:全年無休
◎交通資訊:地鐵 4 號線《420》惠化站 1 號出口

明星餐廳

洪錫天——MY THAI 마이타이

　　由在演藝圈有很好人緣的洪錫天所經營，同時有室內、戶外露天兩種用餐空間，來到這裡，可以品嘗美味的泰式炒麵、咖哩等多樣泰式料理，廚師將泰式料理做成韓國人也能接受的口味，廣受韓國人的接受和喜愛。由於洪錫天的好人緣，不時也有明星會到此來用餐。

Data

◎ 地址：梨泰院店　서울 용산구 이태원동 248-20
◎ 營業時間：11:00 ～ 12:30
◎ 公休日：全年無休
◎ 交通資訊：地鐵 6 號線《630》梨泰院站 2 號出口

皇甫惠靜——Simpsontang 심슨탕

　　這間 Simpsontang 位於弘大，是由主持綜藝節目「我們結婚了」而在台灣頗具知名度的皇甫惠靜，和其經紀人且同是藝人的沈泰允所合開。店內木製的裝潢布置與天花板上的燈具，均巧妙的用廚具做搭配，凸顯出新穎的現代感。餐廳的必點菜色為特製部隊鍋，幾乎每桌必點，同樣還有許多美味的單點菜餚，如可樂餅、餃子、香腸和泡菜鍋等，都十

分適合搭配啤酒一起品嘗。由於是藝人開的店，看到牆上一整面的簽名版，可知有不少藝人也前來捧場。

Data

◎ 地址：弘大店 서울 마포구 서교동 355-21
◎ 營業時間：11:30 ～ 23:00
◎ 公休日：周日
◎ 交通資訊：地鐵 2 號線《239》弘大入口站 9 號出口

金賢重──魚叉炸雞 작살치킨

為知名韓流明星金賢重和朋友們合開的炸雞店，原本是開在離市區較遠的石村站，但是近年來知名度大增，已經陸續在首爾其他地區開設分店。店裡常有粉絲造訪，不只是想要一睹明星的風采，當然也是為了好吃的炸雞而來，另外辣醬炸雞、年糕炸雞、烤雞、鐵板香腸等都很不錯。這裡有英文菜單，親切的店員也能以英語溝通。

Data

◎ 地址：石村店 서울 송파구 석촌동 171-9
◎ 營業時間：15:30 ～ 00:30
◎ 交通資訊：地鐵 8 號線《815》石村站 8 號出口

裴勇俊──
GORILLA IN THE KITCHEN
고릴라인더키친

由韓流巨星裴勇俊所經營的餐廳，價位中等，義大利麵的單價平均在 19,000 韓元至 25,000 韓元間，沙拉單價約莫在 14,000 韓元至 21,000 韓元。餐點皆為西式，主打健康取向，用料也很實在，爽口不油膩。整體的調味、用料和口味都有一定水準。

Data

◎ 地址：서울 강남구 신사동 650
◎ 營業時間：11:00 ～ 24:00
◎ 公休日：全年無休（特定節慶除外）
◎ 交通資訊：地鐵 3 號線《336》狎鷗亭站 2 號出口，往島山公園方向

姜虎東——白丁烤肉　강호동백정

　　知名綜藝節目主持人姜虎東所開設的烤肉店，顯眼的客棧建築物佇立在新村地區，除了各部位的烤肉之外，醬料烤肉、鹽燒烤肉、鐵盒便當、搭配上烤肉鐵板旁的一圈烘蛋，各種滋味一次滿足。

Data

◎ 地址：新村店　서울 서대문구 창천동 5-30
◎ 營業時間：24 小時
◎ 公休日：農曆新年
◎ 交通資訊：地鐵 2 號線《240》新村站 3 號出口

特色餐廳

RICEBALL　공씨네주먹밥

　　這是一間小巧可愛的飯糰專賣連鎖店，很適合肚子不是太餓的時候當正餐，或是當個點心填飽肚子。選擇自己喜歡的口味，沾滿海苔片的飯糰球裝在可愛的外帶盒中，方便帶著走。

Data
◎ 地址：梨大店　서울 서대문구 대현동 60-8
◎ 營業時間：09:00 ～ 21:00
◎ 公休日：周日
◎ 交通資訊：地鐵 2 號線《241》梨大站 3 號出口

Mies Container　미즈컨테이너

　　這間位於江南站附近的型男居酒屋 Mies Container，店內裝潢具有現代感，餐點偏美式、義式菜色，除了美味之外，也很適合與朋友聚會小酌。在這裡點完餐之後，服務生還會親切的跟你 GIVE ME FIVE 呢！

Data
◎ 地址：江南店　서울 서초구 서초동 1316-29
◎ 營業時間：11:00 ～ 02:00
◎ 公休日：全年無休
◎ 交通資訊：地鐵 2 號線《222》江南站 9 號出口

Banzer 반저

　　如果來到大學路，可以造訪一下以甜南瓜燉海鮮和水果燒酒而聞名的 Banzer。不同於一般酒館那樣喧鬧，Banzer 用簡單大方的裝潢，營造出寧靜且沉穩的氣氛。這裡的招牌下酒菜是南瓜燉海鮮，上頭滿滿的起士令人食指大動，服務生會親切地幫你把南瓜切開，食用時可以搭配一旁的沾醬。這裡的水果燒酒主要有西瓜燒酒、哈密瓜燒酒、橘子燒酒、蘋果燒酒等，特別選用新鮮水果調製而成，連成裝酒的容器都是水果，讓人在飲用的時候，還能感受到水果的清香和鮮甜。

Data
◎ 地址：서울 종로구 동숭동 1-49
◎ 營業時間：16:00 ～ 01:00
◎ 交通資訊：地鐵 4 號線《420》惠化站 1 號出口

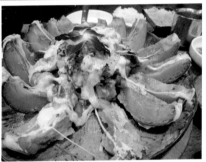

賣酒的花店　술파는꽃집

　　在夜生活十分活躍的弘大地區，有不少適合與朋友們小酌一杯的居酒屋，這間「賣酒的花店」在年輕人間具有一定口碑，店內好吃的料理很多，除了韓式料理之外，也有很多異國風料理。

　　特別推薦地瓜起士焗烤，香濃的起士搭配上甜而不膩又綿密的地瓜，再搭配一壺人氣必點的莓果調酒，度過一個微醺的夜晚。

Data
◎ 地址：서울특별시 마포구 서교동 358-51
◎ 營業時間：18:00 ～ 02:00
◎ 公休日：全年無休
◎ 交通資訊：地鐵 2 號線《239》弘大入口站 9 號出口

Part
5

旅人祕笈 PLUS
Plus! traveler's tips

A. PLUS ！韓國必買，必吃

B. PLUS ！在地人推薦的玩樂景點

C. PLUS ！旅人有趣的首爾小發現

A. PLUS！韓國必買，必吃

日常用品

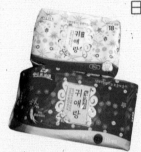

★ 中藥衛生棉

特殊的中藥配方，可以抑制異味，純棉的質感很舒服。在連鎖超市如樂天超市、Emart 等都可以找到。

★ 衛生棉條

在台灣衛生棉條不算普遍，但是到韓國，除了中藥衛生棉可以購買之外，有使用衛生棉條的女性朋友也可以考慮這款導管式的棉條；這樣就算旅行途中生理期來，一樣可以去汗蒸幕或是從事水上活動。

★ 牙膏

韓國的牙膏，特別推薦松鹽和 2080。松鹽帶有草本的清爽，帶來清新的感覺；而 2080 號稱如果在 20 歲就開始使用，到了 80 歲牙齒狀態還是一樣好！也是屬於清涼感的一款牙膏。

★ 信封

在仁寺洞別忘了造訪傳統文具店，買個上面印有韓文字的韓紙信封，也是很棒的紀念品！

★ 可愛的筆

★ 可愛貼紙

★ 平板電腦周邊

10x10 文具店、Artbox 創意文具店都可以買到這些可愛的小東西，無論是自用、送禮都很適合。值得一提的是智慧型產品的周邊，由於韓國智慧型產品十分普遍，相關周邊選擇很多，款式新穎也很有設計感。

★ 捲線收納

★ 智慧型手機殼

★ 滑鼠墊

★ 雜誌

　　韓國的流行雜誌、偶像雜誌總是大碗又滿意，在各個地區的書報攤、地鐵內、大型書局、唱片行都有販賣。特別推薦 CECI 雜誌，這本雜誌除了常會和明星合作做專題，或是請明星當封面之外，裡面介紹的時尚流行也都是韓國很當紅的資訊！

吃喝

★ 年糕鍋

除了年糕跟甜甜辣辣的湯之外，還可以依照自己喜好添加食材，像是餃子、炸海苔捲、黑輪、雞蛋等，最後快吃光時再來個炒飯，充分將湯汁精華全部收進飯裡。

★ 炸醬麵

韓國的炸醬麵跟台灣的不同，就是這樣黑黑的模樣，可是不要看外表這樣，甜甜的醬汁，搭配有咬勁的麵條，其實是很美味的！

通常韓國人吃炸醬麵時會搭配糖醋肉，不管是上餐廳去吃，或是叫外賣，炸醬麵都是人氣很高的料理。

★ 100% 天然草莓汁

韓國有很多天然純果汁，這款100% 草莓汁，酸酸甜甜的味道，還有濃稠的口感，真的讓人感到十分健康！每天來一瓶，展開健康的一天吧！

★ CASS 啤酒

啤酒不論配上炸雞、烤肉、披薩等都十分適合，CASS 也是很多韓國人喜歡的啤酒喔！

★ Dr.You 巧克力蛋糕

如果覺得 MarketO 布朗尼蛋糕不稀奇了，那就來試看看這款巧克力蛋糕吧！濃郁的巧克力味也是讓人一吃上癮！

★ Tom N Toms 抹茶冰沙

許多咖啡廳都有抹茶冰沙，但是我特別推薦 Tom N Toms 的抹茶冰沙，因為不會太甜，抹茶味道很夠。我有很多韓國朋友也是喜歡這間咖啡廳的抹茶冰沙，如果不喝咖啡的人，到咖啡廳可以點這個來喝。

★ 咖啡廳鬆餅

韓國咖啡廳的鬆餅總類實在琳瑯滿目，三不五時會有季節限定的鬆餅。不管是鋪滿草莓的鬆餅、加了好多球冰淇淋的鬆餅，或是淋上香甜醬汁的鬆餅，都能讓人視覺味覺大開！

★ 炸雞、蔥炸雞

去韓國一定得要嘗嘗韓式炸雞，不論是裹著辣醬或是鋪滿蔥淋上蜂蜜芥末醬的炸雞，可以當正餐，也可以當消夜，配上啤酒更是絕妙的美味！

★ 炒牛腸

★ 夏季限定──豆漿面

冰冰涼涼的豆漿麵是韓國夏季最受歡迎的料理之一，濃厚又清爽的豆漿湯頭，搭配上有咬勁的麵條。一口豆漿冷麵一口泡菜，整個夏天暑意全消。

★ 糖餅

冬季限定的糖餅在路邊攤很常見。在冷冷的冬天裡，來上一個熱呼呼的糖餅，咬開內有熱騰騰甜滋滋的糖漿，不只補足冬天所需的熱量，也滿足味蕾。

★ 韓國年糕

韓國人在過年都會吃這種年糕。比較常見的是上方的蜂蜜年糕（꿀떡）、右下的大豆粉年糕（인절미）以及左下的韓式糯米糕（찹쌀떡）。吃起來跟台灣的麻糬很像，特別推薦蜂蜜年糕，咬開時會有蜂蜜糖汁流出。

★ 韓牛牛排

　　韓牛的美味讓許多人為之傾倒，雖然價格不斐，但是既然去了一趟韓國，如果有預算的話，十分推薦品嘗一下道地的韓牛。好的韓牛吃下去的瞬間，像是在嘴裡化掉的感覺，非常的美味！

★ 韓國米酒──馬格利

　　馬格利屬於半發酵的米酒，酒精味道相較韓國燒酒來說比較沒有那麼烈，因此廣受女性歡迎。韓國人通常在吃煎餅類的時候會搭配馬格利，特別是綠豆煎餅。

★ 韓國草莓

　　韓國草莓又大又甜，到韓國必吃！！特別是草莓的產季冬天，可以花實惠的價格吃到好吃的草莓，真的是很滿足！

★ 雞蛋糕

　　韓國的雞蛋糕裡面真的有一顆雞蛋！可說是名符其實的雞蛋糕。在梨花大學附近的攤販所販賣的雞蛋糕特別出名。

★ 紅豆刨冰

　　韓國人在夏天特別喜歡吃刨冰，不論是咖啡廳、甜甜圈店、各大餐廳，幾乎都有提供刨冰。刨冰的口味很多元，但是最經典的還是紅豆刨冰。

★ 懶熊維他命 C 含片

　　可愛的懶熊在韓國十分受到歡迎，這樣兼具美麗與功效的維他命 C 口含片，用了懶熊的造型，十分受到女孩子喜愛！

★ 五味子茶

　　如果在韓國想要體驗所謂的韓茶，可以看看這種五味子茶。所謂五味子茶，就是有酸甜苦辣澀這五味雜成，對身體也是十分好！

牛奶大集合

★ 香蕉牛奶

推薦

★ 白巧克力
摩卡牛奶

推薦

★ 草莓牛奶

推薦

★ 巧克力牛奶

★ 咖啡牛奶

推薦

★ 摩卡牛奶

121

來逛便利商店

推薦

玉米鬚茶

有消水腫的功效

推薦

便利商店
微波魚肉香腸

隨時肚子餓的時候
來上一隻好吃又方便。

★ 咖啡

推薦

香腸熱狗

推薦

雪來淋冰淇淋

廣受歡迎的一款用吸的
冰淇淋，濃厚的奶香很對味！

★ 維他命機能飲料

美妝

★ Beauty credit-Q10
身體乳

　　便宜又容易被身體
肌膚吸收,一年四季都
可以用,清爽不油膩。

★ Beauty credit ——
Q10 面膜 10 片裝

★ Beauty credit ——
Q10 晚安面膜

★ innisfree 紅酒晚安面膜

★ innisfree
紅綠茶面膜

推薦

★nature republic
蝸牛面膜

推薦

★Tony Moly Egg Pore
Tightening Mask
毛孔收斂面膜泥

能夠藉由敷臉的方式
有效縮小毛孔。

★Tony Moly 亮粉眼線筆

★ETUDE HOUSE-
PRECIOUS MINERAL BB COMPACT
礦物蜜粉餅

★Tony Moly 面膜

各式各樣的面膜有
著不同功效，特別推薦
巴西莓跟香蕉面膜。

★Tony moly 晚安面膜

★ Tony Moly 眼線膠　推薦

　韓國女生眼睛的祕密就在眼線！Tony moly 的眼線系列產品在韓國很有名，特別是眼線膠，也是韓國女生愛用的產品之一。

推薦

★Tony Moly 蝸牛面膜

　此款面膜在當今很夯的蝸牛美妝市場中廣受推薦和歡迎。

★ Too cool be school 唇蜜

推薦

★ 屈臣氏各式撕除式面膜

★ 屈臣氏販售的護手霜

　　這一款便宜好用的護手霜，香味適中不
會黏膩，吸收度也不錯，送禮自用兩相宜。

超市蒐密

★ Dr.You 南瓜餅乾

推薦

★ 山藥番薯南瓜
沖泡飲品

　　山藥、番薯、南瓜這樣的組合不多見，但是喝起來卻意外的美味～有著甜味，又帶有一點點的鹽味，組成讓人為之驚豔的味道！

★ 天然花草茶

★ 巧克力鯛魚燒蛋糕

★ 奶油鬆餅餅乾

1,980₩

推薦

★ 巧克力派

　　這款韓國朋友推薦的巧克力派，吃起來不會太黏膩，巧克力派的蛋糕部分，是很紮實且鬆軟的口感。

推薦

★ 巧克力甜甜圈蛋糕

　　韓國人很喜歡吃甜甜圈，這款甜甜圈蛋糕香甜又好吃。

★ 咖哩女王──
香蕉芒果口味

推薦

　　聽起來很怪的組合，其實增添了果香，還有咖哩爽口的滋味，而番茄優格也是很推薦的一款喔！

★ 咕咕麵

推薦

★ 長崎海鮮麵

　　白湯泡麵在韓國不多見，可是經由咕咕麵所帶起的白湯泡麵風潮，也席捲韓國泡麵市場，特別推薦這款海鮮麵，除了辣椒味之外，更多了海鮮的鮮美。

★ 起士夾心零食

推薦

＊起士香腸

　　這樣可以直接吃的香腸在韓國十分受歡迎，而裡面有起士的香腸最高人氣。

★ 甜米露

★ 雪濃湯杯麵

推薦

★ 章魚零食

　　這款章魚零食是很多韓國朋友都推薦的。吃起來鹹鹹香香，搭配啤酒也很對味。

★ 黑豆核桃薏仁茶

很濃郁，可以喝到這些果類穀物的香味。

★ 綜合堅果沖泡飲品

具有多種堅果的飲品，除了健康之外也十分好喝。喜歡綜合堅果的人，一定會喜歡這個味道。

★ 隨身包韓國燒酒

★ 韓國海苔

在韓國買海苔，除了「名家」是知名品牌之外，這款具有碳烤香味的海苔，也是我很喜歡的！

★ 韓國泡麵

★ 韓國果仁零食

推薦

★ 韓國甜米糕

　　韓國朋友推薦的甜
糯米糕，裡面有糯米（찹
쌀）、松子（잣）、棗
子（대추）、栗子（밤）、
葡萄乾（건포도）、肉桂（계피）。肉桂的香氣，軟
軟 QQ 的糯米蒸起來好香好好吃！也可以用微波喔！

推薦

★韓國料理醬料包

　　如果回來台灣後想要
如法泡製韓國料理，料理
包就是很好的幫手！只要
準備好材料、知道做法，
再加上料理醬料包，一樣
可以做出很道地的韓國菜。

B. PLUS！
在地人推薦的玩樂景點

教保文庫 교보문고

　　教保文庫是韓國知名的大型書店，書籍豐富多元，可以滿足各類閱讀的需求，寬敞的空間也是不少人周末的好去處。此外，教保文庫也販售影音產品和文具，提供消費者更多元的選擇。

Data

◎ 地址：
光化門總店　서울 종로구 세종로 1 교보생명빌딩 지하 1 층
江南店　서울 서초구 서초동 1303-22 번지 교보타워 지하 1, 2 층
蠶室店　서울 송파구 신천동 7-18 번지 롯데 캐슬프라자 지하 1 층
木洞店　서울 양천구 목동 917-1 CBS 지하 1 층
◎ 交通資訊：
光化門總店　地鐵 5 號線《533》光化門站 3 號出口
江南店　地鐵 9 號線《925》新論峴站 6 號出口
蠶室店　地鐵 2 號線《216》蠶室站 7 號出口
木洞店　地鐵 5 號線《521》梧木橋站 2 號出口

Bandi & Luni's 書店　반디앤루니스

　　Bandi & Luni's 和教保文庫、永豐文庫同為韓國大型知名連鎖書店，而 Bandi & Luni's 近年特別受到年輕人的喜愛。寬敞的書店空間，分店也都開在大型百貨公司和購物賣場等人潮聚集之處，讓人在逛街之餘，也能把逛書店排進行程中。

Data

◎ 地址：
鐘路塔店　서울 종로구 종로 2 가 6 종로타워 지하 2 층
三成 COEX 店　서울 강남구 삼성동 159 코엑스지하아케이드
舍堂店　서울 서초구 방배동 444-3 파스텔시티 지하 2 층
木洞店　서울 양천구 목 1 동 916 현대백화점 지하 3 층
◎ 交通資訊：
鐘路塔店　地鐵 1 號線《131》鐘閣站 2 號出口
三成 COEX 店　地鐵 2 號線《219》三成站 6 號出口
舍堂店　地鐵 4 號線《433》舍堂站 12 號出口
木洞店　地鐵 5 號線《521》梧木橋站 2 號出口

光化門廣場　광화문광장

　　光化門廣場擁有 600 年的歷史，現在成為首爾歷史及文化的主要廣場。鄰近的世宗文化會館是韓國藝術人文表演的重要場地，廣場上的世宗大王銅像以及噴水台華麗的水舞，一再展現出光化門廣場不僅是歷史人文景點，更結合休閒娛樂，不論白天夜晚都一樣吸引人。

Data

◎ 地址：서울 종로구 세종로 100
◎ 交通資訊：地鐵 5 號線《533》光化門站 1 號、2 號、8 號出口

COEX 水族館　코엑스 아쿠아리움

　　COEX 水族館是韓國唯一的大型海洋主題水族館，館內有眾多海中生物。不同於其他水族館的展示方式，館內最大的特色是海底隧道，可以清楚看到悠遊於水中、近在眼前的海中生物。COEX 水族館適合各個年齡層的遊客造訪。在城市中有這樣一座水中王國，可以飽覽各式各樣驚奇的海中生物，滿足所有人遨遊於海中世界的夢想。

Data

◎ 地址：서울 강남구 삼성동 159
◎ 交通資訊：地鐵 2 號線《219》三成站 5、6 號出口
◎ 費用：17,500 韓元
◎ 營業時間：10:00 ～ 20:00（最後入場時間為 19:00），全年無休

希望市場　희망시장

　　位於弘大附近的希望市場，至今已經有 10 年的歷史了，許多手作商品、創意小物，價格實惠的商品，提供給到此來挖寶的人們。想要找到獨一無二或是具有創意巧思的小物，

找一個空閒的禮拜天，去弘大的希望市場逛逛吧！

Data

◎ 地址：서울 마포구 서교동 359
◎ 交通資訊：地鐵 2 號線《239》弘大入口站 9 號出口
◎ 開放時間：3 月初～ 11 月底每周日

兒童大公園　어린이대공원

這是個占地廣大、複合型的休閒娛樂公園，園區內包含動物園、植物園、遊樂園等，不僅是全家大小周末的好去處，也是一個都市居民和外來遊客親近動物和自然的遊樂園。

Data

◎ 地址：서울 광진구 능동 18
◎ 交通資訊：地鐵 7 號線《726》兒童大公園站 1 號出口
◎ 開放時間：公園 05:00 ～ 22:00；動物園 05:00 ～ 18:00，全年無休

藍天公園　하늘공원

這裡過去是首爾市的垃圾掩埋場，於1933 年關閉，經過首爾市政府規劃之後，成為現在環境優美的藍天公園。來到藍天公園，一定要造訪著名的天空階梯，一共291 階，登上瞭望台可以將首爾景色和美麗的漢江風光盡收眼底。藍天公園在 10 月的時候紫芒花盛開，景色更為迷人！

Data

◎ 地址：서울 마포구 상암동 482
◎ 交通資訊：地鐵 6 號線《619》世界盃體育場站 1 號出口，步行約 25 分鐘
◎ 開放時間：每個月不同，建議前往之前先確認

廣藏市場　광장시장

　　廣藏市場原本為韓國最早的市場，但是由於位置鄰近東大門，附近觀光客聚集，現在已成為知名觀光景點。不只是在地人會到此享用平民的小吃美食，觀光客在逛街之餘，也會來此飽餐一頓。這裡餐廳眾多、小吃攤聚集，提供豐富多元的選擇，其中不能錯過的美食有：「順伊家綠豆餅」（순이네빈대떡）和「朴家綠豆餅」（박가네빈대떡）；看似簡單卻美味的「迷你紫菜飯捲」（꼬마김밥）；冬天時候來碗「水原大嫂」（수원아줌마）熱呼呼的紅豆粥溫暖身心。此外刀削麵、血腸、生魚片等也是不容錯過的美食！

Data

◎ 地址：서울 종로구 예지동 6-1
◎ 交通資訊：地鐵 1 號線《129》鍾路 5 街站 7、8 號出口
◎ 營業時間：07:00 ～ 19:00，周日公休

C. PLUS！
旅人有趣的首爾小發現

黏 TT 的韓國情侶，
挑戰你墨鏡的極限！

韓國的情侶真的是好恩愛啊！尤其是走在街上，常常可以看到路人都是以「2」為基準，俗話說：雙雙對對萬年富貴！在咖啡廳也常可以看到含情脈脈注視著彼此的情侶，到底有多恩愛，請大家自己去體會吧！

人人都是攝影師！拍照好專業～

韓國的路人拍照都很專業，還會主動幫你多拍一張、指導你擺 pose，或是建議好的拍照點。

聽韓國友人說，有些韓國人會覺得幫人拍照沒拍好，是一件丟臉的事情，因此對於拍照都很仔細，所以建議大家可以放心大膽的請路人幫忙拍照吧！

韓文都不懂，
也是可以放心大膽問路！

自助旅行的最高指導原則就是──路不知道就問吧！腳跟嘴都是長在你身上的。至於在韓國，問路不是件難事，只要英文講慢一點，或是能指出韓文地址，路人就會幫助你，尤其是現在智慧型手機普遍，路人還可以用它找出地圖，跟你講更準確的位置，真是增添更多便利性！所以，不會韓文的人請放心，就大膽的問路吧！

愛甜甜圈！愛吃冰！愛咖啡～
就是對你愛愛愛不完阿～

去到首爾，你會發現街上的店，什麼出現率最高？不用懷疑！是甜甜圈店、麵包店、冰淇淋店，還有咖啡廳。為什麼韓

國滿街都是咖啡廳？我想這是大家都有的疑問，也特別請教了一些韓國朋友們，不過說真的，他們有時候也不解為什麼可以開這麼多，畢竟一杯咖啡也不便宜啊！這邊就來聽聽在地人的看法吧：

‧通常約見面時，不是約在哪個地鐵站出口，而是比較常說：約在哪邊的咖啡廳見，之後會合後再去下一個目的地。因為等待的時間坐在咖啡廳，總比在外面乾等好。

‧在逛街時也是會累會渴，尤其是在夏天、冬天的時候，這時咖啡廳就是很好的休息處。

或許很多人都會以為韓國咖啡廳這麼多，表示他們可能大多數有咖啡成癮，但是其實問過很多人，也不是每天都要喝咖啡。不過韓國咖啡有些真是不錯喝，喝個 americano 也不賴！

人型立牌．街頭廣告，明星人氣便知曉～

　　相信很多人去到首爾街頭，便會發現明星們的人型立牌、海報到處都是。如果你特別喜歡某個偶像，剛好他那陣子人氣超夯，每天在街上一定心情都很好，因為到處都會是他的立牌，也可以買到一堆代言的商品，還有海報或贈品可以拿！

首爾街頭的包包時尚～背包王道！

　　走在首爾街頭，總是可以看到不少後背包，男生、女生們都有用，特別是男生，不管是學生或是型男，都會選擇後背包。除了學生型的休閒後背包外，最當紅的就屬於 MCM 這個走中高價位的精品品牌，在首爾可以看到許多人都是背這個牌子的後背包或是包包。

首爾的鞋子時尚

　　韓國人在皮件製作上往往有獨特的品味，因此很建議到首爾選購一些好看、質感又佳的皮件。常在在坐地鐵時，看到大部分上班族的皮鞋偏向英倫風牛津鞋款式，或是綁帶的設計。而款式跟質感往往也可以看出一個人的品味，不只在服裝上用心，鞋子當然也不能忽略。此外，首爾街頭最常出現的兩大運動鞋品牌：勾勾牌和新平衡牌，不管是男女老少，無論穿著 lady 或是 sporty，都會搭配運動鞋，這是一種首爾街頭獨有的時尚阿！

夏天最 IN ！就要吃刨冰

　　在韓國，吃冰是不分季節的，一年四季想吃冰就吃冰，還有人說天氣越冷，越要吃冰！而在夏天的時候，首爾大街小巷全都是刨冰，連咖啡廳也會賣刨冰，甜甜圈店也是，便利商店也是。當然刨冰得要兩人吃，一個人是吃不完的，所以在夏天常常可以看到情侶在咖啡廳甜蜜吃著刨冰，讓人心裡也跟著甜了起來。

Part
6

手指韓文
Point out korean

✳ 基本對話

你好 안녕하세요?	謝謝 감사합니다.	對不起 미안해요, 미안합니다.
不好意思 실례합니다	我叫○○○ 저는○○○입니다.	我從台灣來 대만에서 왔어요.
我不懂韓語 한국말을 못해요.	可以說英文嗎? 영어를 할수있어요?	有 있어요
沒有 없어요	是 네	不是 아니오

✳ 交通

司機先生,請到○○!謝謝! 기사님, ○○가 주세요!감사합니다!		請在這裡停車 내려주세요.
我要在哪裡買票呢? 표를 어디서 끊나요?	哪裡可以搭機場巴士呢? 어디에서 타야 하나요?	
請給我一張 t-money 卡 기사님, t-money 가 주세요!감사합니다		請幫我儲值 충전해 주세요

* 購物

多少錢？ 얼마에요？	請給我○○ ○○ 주세요.	便宜一點 깎아주세요.
太貴了 비싸요.	可以試穿嗎？ 좀 입어봐도 （신어봐도） 될까요？	
收據 영수증	錢要怎麼付？ 계산은 어떻게요？	

* 餐廳

這裡（叫服務生） 여기요	好吃 맛있어요.	一人份 일 인분
我們有○個人 ○ 사람이에요	外帶 포장해 주세요	請給我兩人份 이 인분 주세요
什麼食物不辣？ 어떤 음식이 맵지 않아요？	這是什麼？ 이것은 무엇입니까？	
我是素食者 저는 채식주의자입니다.	我已經預約 ○○點鐘 ○○로 예약했어요	
不辣的 매운것은 빼 주세요	一點辣 조금 매운걸로 주세요	

＊ 詢問

○○在哪裡？ ○○ 어디입니까？	這是什麼？ 이것은 무엇입니까？
化妝室在哪裡？ 화장실이 어디입니까？	我想換成韓元 한국돈으로 바꿔 주세요
請給我收據 영수증 주세요	我想租手機 핸드폰을 빌리고 싶은데요

＊ 方向

請直走 직진해요	左邊 왼쪽	右邊 오른쪽
往左邊去 왼쪽으로 가세요	往右邊去 오른쪽으로 가세요	
左轉 좌회전 하세요	右轉 우회전 하세요	

* 吃喝

料理		
人蔘雞 삼계탕	海鮮鍋 해물탕	辣魚湯 매운탕
章魚火鍋 낙지전골	排骨湯 갈비탕	清燉牛骨湯 설렁탕
味噌湯 된장찌개	辣牛肉湯 육개장	豆腐鍋 순두부찌개
泡菜鍋 김치찌개	辣魚湯 매운탕	部隊鍋 부대찌개
年糕湯 떡국	餃子湯 만두국	海帶湯 미역국
年糕餃子湯 떡만두국	解酒湯 해장국	馬鈴薯豬骨湯 감자탕
雪濃湯 설농탕	拌飯 비빔밥	石鍋拌飯 돌솥비빔밥
炸豬排 돈까스	海鮮煎餅 해물파전	泡菜煎餅 김치전
蔥煎餅 파전	馬鈴薯煎餅 감자전	辣炒雞排 닭갈비
豬腳 족발	冷麵 냉면	辣拌冷麵 쫄면
炸醬麵 짜장면	糖醋肉 탕수육	鮮濃湯 서울곰탕

小吃點心

熱狗 핫도그	鬆餅 와플	韓式鯛魚燒 붕어빵
黑糖餅 호떡	雞蛋糕 계란빵	炸薯條 고구마 튀김
血腸 순대	拔絲地瓜 고구마맛탕	關東煮 오뎅
甜不辣 튀김	烤魷魚腳 달탱이	馬鈴薯球 통감자
香腸 소시지	爆米餅 뻥튀기	雞肉串 닭꼬치
地瓜 고구마	韓式海苔捲 김밥	辣炒年糕 떡볶이
炸雞 치킨	蔥炸雞 파닭	炒牛腸 곱창

肉類

豬排 돼지갈비	五花肉 삼겹살	雞排 닭갈비
烤牛肉 불고기	醃排骨 양념갈비	牛里肌肉 소고기등심
豬肉 돼지고기	牛肉 소고기	韓牛 한우

飲料

玉米鬚茶 옥수수 수염차	玄米茶 현미차	人參茶 인삼차
紅棗茶 대추차	烏龍茶 우롱차	柚子茶 유자차
紅茶 홍차	綠茶 녹차	奶茶 밀크티
香蕉牛奶 바나나우유	冰沙 슬러쉬	礦泉水 생수
咖啡 커피	冰咖啡 아이스커피	可樂 콜라
果汁 주스	麥茶 보리차	牛奶 우유
五味子茶 오미자차	啤酒 맥주	馬格利 막걸리
燒酒 소주	洋酒 양주	雞尾酒 칵테일

✳ 美妝品

眼線 아이라인	脣膏 립스틱	脣蜜 립글로스
腮紅 블로셔	睫毛膏線 마스카라	指甲油 매니큐어
粉底 파운데이션	粉餅 트윈케익	眼影 아이셰도
香水 향수	卸妝油 클렌징 오일	洗面乳 클렌징 폼
化妝水 화장수	乳液 로션	精華液 엣센스
隔離霜 메이크업 베이스	晚霜 나이트크림	面膜 마스크
敏感性 민감성	中性 중성	乾性 건성
油／混合性 지 . 복합성	問題性肌膚 지성 & 사춘기성트러블	保溼 보습
滋潤 멀티	美白 미백	除皺 주름
乾燥 건조함	緊緻毛孔 모공케어	粉刺 뽀루지
角質 각질	潤色 윤기	睡眠面膜 슬리핑팩

* 服飾

洋裝 원피스	裙子 스커트	牛仔褲 청바지
褲子 바지	T恤 티셔츠	夾克 자켓
毛衣 스웨터	圍巾 스카프	西裝 양복
大衣 코트	內衣 속옷	領帶 타이
帽子 모자	絲襪 스타킹	高跟鞋 하이힐
涼鞋 샌달	低跟鞋 로우힐	靴子 부츠
拖鞋 슬리퍼	髮夾 헤어핀	耳環 귀길이
項鍊 목걸이	戒指 반지	手環 팔찌
眼鏡 헤어밴드	太陽眼鏡 선글라스	髮箍 머리띠

日期 & 行程								
	早餐	午餐	晚餐	其他吃喝	購物	交通	娛樂	小計
開銷								

心情記事
每日總結

日期 & 行程								
	早餐	午餐	晚餐	其他吃喝	購物	交通	娛樂	小計
開銷								

心情記事
每日總結

日期 & 行程								
	早餐	午餐	晚餐	其他吃喝	購物	交通	娛樂	小計
開銷								
心情記事每日總結								

日期 & 行程								
	早餐	午餐	晚餐	其他吃喝	購物	交通	娛樂	小計
開銷								
心情記事每日總結								

日期 & 行程								
	早餐	午餐	晚餐	其他 吃喝	購物	交通	娛樂	小計
開銷								

心情記事
每日總結

日期 & 行程								
	早餐	午餐	晚餐	其他 吃喝	購物	交通	娛樂	小計
開銷								

心情記事
每日總結

日期 & 行程								
	早餐	午餐	晚餐	其他吃喝	購物	交通	娛樂	小計
開銷								
心情記事每日總結								

日期 & 行程								
	早餐	午餐	晚餐	其他吃喝	購物	交通	娛樂	小計
開銷								
心情記事每日總結								

日期 & 行程								
	早餐	午餐	晚餐	其他吃喝	購物	交通	娛樂	小計
開銷								

心情記事
每日總結

日期 & 行程								
	早餐	午餐	晚餐	其他吃喝	購物	交通	娛樂	小計
開銷								

心情記事
每日總結

日期 & 行程								
	早餐	午餐	晚餐	其他吃喝	購物	交通	娛樂	小計
開銷								

心情記事
每日總結

日期 & 行程								
	早餐	午餐	晚餐	其他吃喝	購物	交通	娛樂	小計
開銷								

心情記事
每日總結

國家圖書館出版品預行編目資料

首爾自助超簡單 ／ Mavis 文・攝影・ -- 初版.
-- 臺北市 ： 華成圖書, 2012.08
面 ； 公分. -- (GO簡單系列；G0303)

ISBN 978-986-192-150-1（平裝）

1. 自助旅行 2. 韓國首爾市

732.7609   101012209

GO簡單系列　G0303

首爾自助超簡單

作　　者／Mavis

出版發行／華杏出版機構
　　　　　華成圖書出版股份有限公司
　　　　　www.farreaching.com.tw
　　　　　台北市10059新生南路一段50-2號7樓
　　　　　戶　　名　華成圖書出版股份有限公司
　　　　　郵政劃撥　19590886
　　　　　e-mail　huacheng@farseeing.com.tw
　　　　　電　　話　02 23921167
　　　　　傳　　真　02 23225455
　　　　　華杏網址　www.farseeing.com.tw
　　　　　e-mail　fars@ms6.hinet.net
　　　　　華成創辦人　郭麗群
　　　　　發 行 人　蕭聿雯
　　　　　總 經 理　熊 芸
　　　　　法 律 顧 問　蕭雄淋・陳淑貞

　　　　　企 劃 主 編　俞天鈞
　　　　　執 行 編 輯　俞天鈞
　　　　　美 術 設 計　謝昕慈
　　　　　印 務 主 任　蔡佩欣

定　　　價／以封底定價為準
出 版 印 刷／2012年8月初版1刷

總　經　銷／知己圖書股份有限公司
　　　　　　台中市工業區30路1號　　　電話　04-23595819　　　傳真　04-23597123

☻ 讀 者 回 函 卡

謝謝您購買此書,為了加強對讀者的服務,請詳細填寫本回函卡,寄回給我們(免貼郵票)或 E-mail至huacheng@farseeing.com.tw給予建議,您即可不定期收到本公司的出版訊息!

您所購買的書名/＿＿＿＿＿＿＿＿＿＿＿＿＿＿　購買書店名/＿＿＿＿＿＿＿＿＿＿＿＿

您的姓名/＿＿＿＿＿＿＿＿＿＿＿＿＿＿＿＿　聯絡電話/＿＿＿＿＿＿＿＿＿＿＿＿

您的性別/□男 □女　　　您的生日/西元＿＿＿＿＿＿年＿＿＿月＿＿＿日

您的通訊地址/□□□□□＿＿＿＿＿＿＿＿＿＿＿＿＿＿＿＿＿＿＿＿＿＿＿＿＿＿

您的電子郵件信箱/＿＿＿＿＿＿＿＿＿＿＿＿＿＿＿＿＿＿＿＿＿＿＿＿＿＿＿＿

您的職業/□學生　□軍公教　□金融　□服務　□資訊　□製造　□自由　□傳播
　　　　　□農漁牧　□家管　□退休　□其他

您的學歷/□國中(含以下)　□高中(職)　□大學(大專)　□研究所(含以上)

您從何處得知本書訊息/(可複選)

□書店　□網路　□報紙　□雜誌　□電視　□廣播　□他人推薦　□其他

您經常的購書習慣/(可複選)

□書店購買　□網路購書　□傳真訂購　□郵政劃撥　□其他＿＿＿＿＿＿＿＿＿＿＿

您覺得本書價格/□合理　□偏高　□便宜

您對本書的評價(請填代號/ 1.非常滿意 2.滿意 3.尚可 4.不滿意 5.非常不滿意)

封面設計＿＿＿＿　版面編排＿＿＿＿　書名＿＿＿＿　內容＿＿＿＿　文筆＿＿＿＿

您對於讀完本書後感到/□收穫很大　□有點小收穫　□沒有收穫

您會推薦本書給別人嗎/□會　□不會　□不一定

您希望閱讀到什麼類型的書籍/＿＿＿＿＿＿＿＿＿＿＿＿＿＿＿＿＿＿＿＿＿＿＿＿

您對本書及我們的建議/